도서관에서 찾은 인권 이야기

생각하는 어린이 ④

도서관에서 찾은 인권 이야기

초판 발행	2022년 10월 20일
초판 3쇄	2023년 03월 30일
글쓴이	오은숙
그린이	이진아
펴낸이	이재현
펴낸곳	리틀씨앤톡
출판등록	제 2022-000106호(2022년 9월 23일)
주소	경기도 파주시 문발로 405 제2출판단지 활자마을
전화	02-338-0092
팩스	02-338-0097
홈페이지	www.seentalk.co.kr
E-mail	seentalk@naver.com
ISBN	978-89-6098-850-7 74800
	978-89-6098-827-9 (세트)

ⓒ 2022, 오은숙

• 저작권법에 의하여 한국 내에서 보호를 받는 저작물이므로 무단전재 및 복제를 금합니다.
• KC마크는 이 제품이 공통안전기준에 적합하였음을 의미합니다.

KC	모델명	도서관에서 찾은 인권 이야기	제조년월	2023. 03. 30.	제조자명	리틀씨앤톡	제조국명	대한민국
	주소	경기도 파주시 문발로 405 제2출판단지 활자마을	전화번호	02-338-0092	사용연령	7세 이상		

은 씨앤톡의 어린이 브랜드입니다.

작가의 말

모든 사람에겐 인권이 있어요

이 세상 모든 사람은 인간이라는 이유로 모두 소중하고 귀한 존재예요. 사람은 누구나 사람답게 살 권리, 즉 '인권'을 가지고 있어요. 인권은 사람으로서 누구나 마땅히 누려야 할 소중한 권리예요. 이런 권리를 누리는 데는 어떤 자격도 능력도 필요하지 않아요. 어른이든 아이든, 남자든 여자든, 장애가 있든 없든, 상관없어요.

하지만 우리가 당연하다고 누리는 이 권리는 저절로 주어진 것이 아니에요. 옛날에는 인권이란 말조차도 없었어요. 어린이라고, 여성이라고, 장애인이라고, 흑인이라고 차별을 당했지요. 그래서 사람들은 하늘 아래 모두가 소중하고 평등한 존재라고 외쳐야 했어요. 당연하게 누려야 할 권리인 인권을 찾기 위해 목숨도 걸어야 했지요. 이 책은 이렇게 '인권'을 외친 사람들의 이야기를 도서관을 통해 알아보려 해요.

갑자기 '도서관과 인권'이라니, 고개를 갸우뚱한 어린이도 있을 거예요. "누구나 자유롭게 와 책을 읽고 원하는 책도 무료로 빌려주는 도서관에서 인권이요?"라고 묻는 어린이도 있을 거예요.

공공도서관이 등장하기 전까지 책은 왕이나 귀족, 성직자를 위한 것이었어요. 그들은 자기들만 알고 있는 지식을 세상 사람들과 나누기 싫어했지요. 그러다 점차로 민주주의가 발전하고 인권 의식이 싹트면서 사람들은 도서관에서 마음껏 지식과 정보에 접근할 수 있게 되었던 거예요. 하지만 여전히 도서관에 들어갈 수조차 없었던 사람들이 있었어요. 책도 마음대로 볼 수 없었고 배울 수 있는 기회도 마음껏 주어지지 않았어요. 그 사람들은 도서관의 문이 누구에게나 공평하게 열리도록 계속 두드려야 했어요.

이 책은 지금 우리가 누리는 인권이 많은 사람이 힘겹게 싸워 얻은 결과라는 걸 도서관을 통해서 이야기하고 있어요. 그들이 어떻게 인권을 찾기 위해 애써 왔는지, 불평등한 현실을 바꾸기 위해 어떤 노력을 했는지 그 과정을 함께 살펴보기로 해요.

평등한 세상을 꿈꾸며 한 발 한 발 내디뎠던 그들의 용기에 공감할 수 있다면, 우리는 앞으로 더 큰 희망을 만들어 갈 수 있을 거예요. 그만큼 우리 모두가 더 행복해지고 우리가 사는 세상도 앞으로 나아가게 될 테니까요.

오은숙

차례

제1장 여자라서 도서관 출입금지라고? 9

바느질 말고 책을 읽고 싶어요 10
교육을 받지 못한 여성들 20
인권을 찾았다! 23
그래서 지금은? 28

제2장 어린이라서 도서관 출입금지라고? 31

뉴스보이의 간절한 꿈 32
도서관에 들어가지 못하는 어린이 40
인권을 찾았다! 43
그래서 지금은? 48

제3장 흑인이라서 도서관 출입금지라고? 53

우주를 향해 날아갈 거예요 54
도서관에서도 여전한 인종차별 61
인권을 찾았다! 64
그래서 지금은? 69

제4장 장애인이라서 도서관 출입금지라고?   71

　도서관 혼자 가기 미션   72
　장애인이 이용하기 힘든 도서관   82
　인권을 찾았다!   85
　그래서 지금은?   92

제5장 이주민이라서 도서관 출입금지라고?   95

　나도 대출증을 갖고 싶어요   96
　도서관 이용이 어려운 미등록 이주아동   106
　인권을 찾았다!   109
　그래서 지금은?   116

제6장 고령자를 위한 도서관 서비스가 없다고?   119

　도서관 버킷리스트가 생겼어요   120
　고령자에게 맞는 도서관 서비스   132
　인권을 찾았다!   135
　그래서 지금은?   142

제1장

여자라서 도서관 출입금지라고?

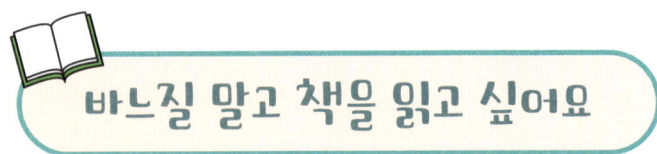

학교에 다니고 싶어요

　1800년대 미국 소녀들은 정식 교육을 받기 힘들었어요. 학교에 가도 소녀들이 받을 수 있는 교육은 기초 수준의 읽기, 쓰기, 간단한 산수 그리고 요리, 바느질이 전부였죠. 그래서 대부분의 소녀들은 학교가 아니라 가정에서 교육을 받았어요.

　버지니아 주에 사는 열한 살 캐서린도 집에서 변호사인 아빠에게 읽기와 쓰기를 배우고 있어요. 엄마에게는 바느질을, 그리고 가정교사에게 피아노와 사교 예절을 배우지요.

　하지만 그 무엇보다 캐서린이 좋아하는 것은 책이에요. 하루 종일 책을 읽어도 지루하지 않았거든요. 책 속에는 캐서린이 미처 몰랐던 온갖 세상이 펼쳐져 있어요. 당연히 캐서린이 제일 좋아하는 곳도 책으로 가득 찬 아빠의 서재였어요. 서재의 책들이 드넓은 미지의 세계로 어서 오라는 듯 손짓하는 것 같았지요.

캐서린의 눈은 세상에 대한 호기심으로 늘 반짝반짝 빛났어요. 하지만 이렇게 영특한 캐서린이 엄마는 마뜩잖았어요.

"캐서린, 여자는 가정교육을 잘 받아 좋은 집안에 시집가는 것이 중요하단다."

엄마는 항상 캐서린에게 이렇게 말했죠.

오늘도 엄마는 바느질은 제쳐 두고 책만 읽는 캐서린을 보고 한숨을 쉬었어요.

"캐서린, 여자가 바느질을 못하면 어떡하니?"

"싫어요! 전 바느질이 재미없다고요. 오빠들은 모두 학교에 다니잖아요. 올해 첫째 오빠는 대학에 들어갔고요. 나도 학교에 가고 싶어요. 대학에도 가고 싶다고요."

"대학이라니! 여자에게 무슨 대학이 필요하니? 더구나 큰 오빠가 간 대학은 남자들만 입학할 수 있어. 여자는 들어갈 수도 없단다."

캐서린에게는 오빠가 네 명이 있어요. 오빠들은 모두 학교에 다녔고 올해 첫째 오빠는 뉴저지 주에 있는 유명한 대학에도 들어갔어요. 그런데도 엄마는 캐서린에게 학교는 말도 못 꺼내게 해요.

"나도 학교에 다니고 싶고 계속 공부하고 싶어요. 왜 여자는 대학에 갈 수 없는데요?"

"캐서린, 여자가 대학을 나와서 뭐 하니? 여자가 가질 수 있는 직업이 교사, 간호사 말고 뭐가 있니? 네가 이런 현실을 빨리 깨달을수록 더 행복해질 텐데……."

엄마가 그럴수록 캐서린은 더욱더 책에 빠져들었어요. 책 속에서는 마음껏 꿈을 꿀 수 있거든요. 책 속 주인공처럼 의사도 되었다가 작가도

되었다가 말이에요.

여자는 들어갈 수 없는 도서관

그러던 어느 날, 엄마의 불호령이 떨어졌어요. 바느질을 제대로 배울 때까지 서재에 들어갈 수 없다며, 보란 듯이 서재 문에 자물쇠를 걸어 놓았지 뭐예요. 상심한 캐서린은 온종일 방안에 틀어박혀 울었어요. 그러다가 문득 도서관에 재미난 책들이 많다던 오빠들이 말이 떠올랐어요.

다음 날, 캐서린은 엄마 몰래 도서관으로 향했어요. 책을 빌려서 오는 길이 얼마나 신이 날까 상상하면서요.

드디어 도서관 앞에 도착했어요. 캐서린은 심호흡을 한번 했어요. 오빠들에게 말로만 들었지 직접 와 본 건 처음이었거든요.

"아, 도서관은 이렇게 생겼구나."

캐서린은 눈을 동그랗게 뜨고 천천히 주위를 둘러보았어요. 그때 대출대를 지키고 있던 한 남자 사서가 다가왔어요.

"넌 누구니? 여기 어떻게 왔어?"

"책 빌리려고 왔어요."

"여자애가 무슨 책을 읽는다고! 여자한테는 책 안 빌려준단다."

캐서린은 깜짝 놀랐어요.

"아니, 여자한테는 왜 책을 빌려주지 않아요?"

"여자는 학교도 안 가는데 책을 읽어 뭐 하겠어? 더구나 여자는 머리가 나빠 남자처럼 책을 이해할 수도 없단다. 여자답게 얌전히 집에 있어야지. 어서 가렴!"

사서는 캐서린을 내쫓고는 문을 꽝! 닫아 버렸어요. 캐서린은 당황한 나머지 한참 동안 닫힌 문만 멍하니 바라보고 서 있었지요.

다음 날, 캐서린은 입술을 꼭 깨물고 다시 도서관으로 향했어요. 오빠의 대출증을 들고서 말이에요. 캐서린은 도서관 문을 열고 성큼성큼 들어갔어요.

"저 이제 책 빌릴 수 있어요. 여기 대출증 있다고요!"

하지만 어제 그 사서는 캐서린이 내민 대출증을 쓱 보더니 코웃음을 쳤어요.

"남자 대출증을 가지고 온다고 책을 빌려주겠니? 여기 있는 사람들 좀 봐. 여자가 있니? 죄다 남자잖아! 여자가 있어야 할 곳은 도서관이 아니라 집이란다!"

사서는 자신의 말을 좀처럼 알아듣지 못하는 캐서린이 답답한 듯 이

젠 화까지 냈어요.

캐서린은 이해할 수가 없었어요. 왜 여자는 책을 읽으면 안 된다는 건지요. 왜 여자는 마음대로 공부할 수도 없는지요.

도서관에 몰래 붙인 벽보

다음 날, 캐서린은 몰래 도서관 문 앞에 커다란 종이 한 장을 붙였어요. 캐서린이 밤새 펜으로 꾹꾹 눌러쓴 종이였죠.

"도서관에 여자를 들여보내 주지 않는 것은 잘못입니다. 여자도 책을 읽고 싶어요. 문을 열어 주세요!"

그러나 그다음 날 종이는 뜯겨서 온데간데없었어요. 캐서린은 너무 놀라 당장 집으로 달려갔어요. 그러고는 다시 종이를 가져와 붙였어요.

"도서관은 남자든 여자든 누구나 들어갈 수 있어야 해요!"

하지만 또다시 종이는 사라져 버렸어요. 캐서린은 눈물이 날 것 같았어요. 이대로 포기할 수 없었어요. 캐서린은 매일 집을 나와 도서관으로 향했어요.

어느 날, 도서관 벽에 종이를 붙이는 캐서린을 발견한 주디스 선생님이 깜짝 놀라 소리쳤어요.

"어머, 캐서린 아니니?"

주디스 선생님은 캐서린에게 피아노를 가르쳐 주시는 가정교사예요.

"캐서린, 왜 여기 있어? 무얼 붙인 거니?"

선생님은 캐서린이 붙인 종이를 읽어 보았어요.

"오, 캐서린, 네가 쓴 거니?"

그제야 캐서린은 선생님 품에 안겨 와락 울음을 터트렸어요.

"선생님. 도서관에 재미있는 책이 많다고 해서 왔는데 들여보내 주지 않아요. 너무 화가 나서 이렇게 매일 종이를 붙이고 있었어요."

선생님은 한참 동안 캐서린의 머리를 가만히 쓰다듬어 주셨어요. 잠시 후 캐서린은 울음을 멈추고 선생님께 물었어요.

"너무 화가 나요. 여자라서 도서관에 들어갈 수 없다니요. 선생님, 이제 포기해야 할까요?"

선생님은 캐서린의 눈을 바라보며 빙그레 웃었어요.

"아니, 그렇지 않아. 캐서린이 열한 살이지? 네가 태어나기 11년 전인 1872년, 수전 앤서니란 여성이 여성에게도 투표권을 달라는 운동을 벌였어. 그 결과 수전은 재판을 받고 벌금을 내야 했지. 세월이 흐른 지금도 여성은 투표할 수 없어. 하지만 난 수전의 행동이 의미 없다고 생각하지 않아. 세상은 용기 있는 사람에 의해 변하거든. 캐서린, 너처럼."

"저처럼요?"

"그래. 너처럼 말이야. 좀 어려운 말이지만 용기 있는 사람이 세상을 변화시킨단다. 한 방울의 물이 모여 결국 바위를 뚫는 거거든. 이 말, 꼭 기억하렴."

선생님은 캐서린의 손을 꼭 잡아 주었어요. 캐서린은 입을 모아 작게 중얼거렸어요.

"한 방울의 물······."

캐서린은 내일도 모레도 한 방울의 물처럼 도서관 문을 계속 두드리겠다고 마음속으로 다짐했어요.

교육을 받지 못한 여성들

여성에게는 금지된 도서관

 18세기까지 여자는 아무리 능력이 뛰어나도 대학에 갈 수 없었어. 대부분의 여자들은 정식 교육을 받지도 못했어. 사람들, 특히 남자들은 글을 쓰고 생각하는 일은 여자에게 맞지 않는다고 말했어. 여자가 있어야 할 자리는 가정이라며 아내 또는 어머니의 역할에 필요한 최소한의 지식만 배워야 했지.

 1873년에 문을 연 미국 로스앤젤레스 공공도서관도 여성의 출입을 허용하지 않았어. 그러다 얼마 후 '여성용 열람실'을 만들었는데, 여성은 그곳에서 선별된 잡지만 읽을 수 있었지. 여성들에게는 대출증도 발급해 주지 않았거든.

 미국의 하버드 대학교 도서관도 여성에게 문을 열어 주지 않았어. 훗날 미국

역사상 두 번째로 여성 연방 대법관이 된 루스 베이더 긴즈버그도 여자라는 이유로 경비원에게 도서관 출입을 거부당했대. 재학 중인 학생이었는데도 말이야. 하버드 대학교는 1960년대가 되어서야 여성에게 도서관의 문을 열어 주었어.

여성에게는 제한된 교육

오래전부터 여성들은 성차별적인 법과 제도를 바꾸기 위해 교육이 필요하다는 사실을 깨달았고, 남성과 동등하게 교육받을 권리를 요구했지. 하지만 이 주장은 쉽게 받아들여지지 않았어. 그러자 여성들은 직접 여성만을 위한 학교를 세우기도 했어.

18세기 영국 작가 메리 울스턴크래프트는 친구와 힘을 합쳐 여성을 위한 학교를 세웠고, 미국에서는 메리 라이언이라는 여성이 미국 최초로 여성을 위한 대학을 세웠어. 또 어떤 여성들은 직접 대학에 찾아가 입학을 허가해 달라며 호소하기도 했지. 이런 노력으로 1860년대 미국에 여자대학이 처음 문을 열게 되었어.

드디어 여성들도 대학에 갈 수 있게 된 거지. 하지만 대학 교육을 받았더라도 교수나 변호사, 의사가 되기는 매우 어려웠어. 직업을 갖는다고 해도 여성이 할 수 있는 일은 가정교사나 교사, 간호사 등으로 정해져 있었거든.

여성 인권을 찾기 위한 노력

여성 참정권 운동

20세기 초까지 전 세계 여성에게는 참정권이 없었어. 참정권이 없으면 정치에 참여할 수 없어. 선거에 출마할 수도, 참여할 수도 없고, 법이나 제도를 만드는 의회나 행정부에서 공무원으로 일할 수도 없지. 여성들은 참정권을 얻기 위한 운동을 끊임없이 벌였어. 하지만 당시 남성들은 자신들의 권력이 줄어들 것을 염려해 여성에게 참정권을 주지 않으려고 했어.

1913년 영국에서 열린 경마대회, 에밀리 데이비슨이라는 여성이 힘차게 달리는 국왕 조지 5세의 말 앞으로 뛰어들었어. 관중들은 일제히 비명을 질렀고 데이비슨은 말발굽에 밟혀 쓰러지고 말았어. 크게 다친 데이비슨은 결국 사망

하고 말았어. 아무리 투표권을 달라고 외쳐도 남성 정치가들이 꿈쩍도 하지 않자 이런 극단적인 방법을 선택한 거야.

데이비슨의 장례식은 여성 참정권을 요구하는 대규모 시위로 변했어. 당시 여성들은 치열하게 싸웠어. 이런 싸움은 계속되었고 이 과정에서 수많은 여성이 목숨을 잃기도 했어. 그 결과 1918년 30세 이상 재산이 있는 여성에게 참정권이 주어졌지. 그리고 10년이 지난 1928년에 마침내 21세 이상의 모든 여성이 남성과 동등한 참정권을 가질 수 있게 된 거야.

성역할 고정관념

수많은 여성의 노력으로 비로소 여성에게도 참정권이 주어졌고, 점차 대학에 입학하는 여성들도 늘었어. 대학 졸업 후 사회 곳곳에 진출해 일도 하게 되었지. 그럼에도 여성의 지위가 확연히 나아진 것은 아니었어. 대학을 나와도 여자들이 할 수 있는 일은 제한적이었거든. 또 같은 일을 해도 남성보다 임금을 적게 받거나 승진 기회를 빼앗기는 등 차별을 받았지. 바로 남자와 여자의 역할이 따로 있다고 생각한 당시 사람들의 '성역할 고정관념' 때문이었어.

성역할 고정관념이란 남자와 여자에 따라 사회가 기대하는 역할과 모습이 다른 거야. '남자는 ~ 해야 한다', '여자는 ~ 해야 한다'처럼 성별에 따른 고정관념인 거지. 예를 들어 남자는 이성적이고 진취적이어서 밖에서 일하기에 알맞고, 여자는 감정적이고 소극적이어서 가정에서 아이 키우고 살림하기에 알맞다고 생각하는 거야. 이러한 고정관념을 바탕으로 사회에 퍼져 있는 성차별을 없애기 위해 많은 여성들이 목소리를 높였어.

우리나라 최초의 여성인권 선언문, 「여권통문」

　9월 1일이 '여권통문의 날'인 건 알고 있니? 우리나라의 법정기념일이기도 해. 「여권통문」이란 1898년 9월 1일 서울 북촌에서 선언된 우리나라 최초의 여성인권 선언문이야. 여성의 교육권, 직업권, 참정권의 세 가지 권리를 주장했어. 그중에서도 교육받을 권리가 으뜸이라며, 여성이 정치에 참여하며 직업을 갖고 독립적인 경제활동을 하기 위해서는 무엇보다 교육이 우선되어야 한다고 주장했어.

　당시 정부에서는 관립 남학교를 세워 남자들에게 근대 교육을 실시하고 있었지. 하지만 관립 여학교는 없었어. 여성들은 여학교를 세워 달라고 강력히 요구했어. 그러다 여성들만의 힘으로 1899년 최초의 사립 여학교인 순성여학교를 세운 거야.

　한국이 근대화를 시작하며 최초로 여성들 스스로 권리를 주장했다는 점에서 「여권통문」은 큰 의미가 있어. 무엇보다 여성의 인권을 위해 한목소리를 내었기에 한국 여성운동의 시작점이 된 거야.

➕ 지식플러스

참정권을 갖기 위해 싸웠어요

1893년 뉴질랜드는 세계 최초로 여성에게 참정권을 보장한 나라가 되었어요. 미국은 1920년, 영국은 1928년, 프랑스는 1946년에 여성이 선거에 참여할 수 있는 권리가 보장되었지요. 우리나라는 1948년 해방 후 민주주의가 갖춰지면서 여성과 남성 모두에게 투표권이 주어졌어요. 또 사우디아라비아는 2015년에야 여성의 참정권을 보장했어요. 여성의 참정권은 그냥 주어진 게 아니라 오랜 시간 여성이 목숨 걸고 싸워서 이뤄 낸 결과예요.

모두를 위한 도서관

우리나라 공공도서관의 여성 서비스

1885년 우리나라에는 서양 선교사들에 의해 배재학당이 세워졌고, 이를 시작으로 이화학당, 경신학교 등 근대식 교육기관들이 등장했어. 출판물이 점차 늘어나면서 도서관에 대한 요구도 점점 커지던 때였지. 조선의 지식인들은 국립도서관 설립을 위해 준비했지만 1910년 일제의 식민통치가 시작되면서 무산되고 말았어.

그러다 1919년 3.1운동이 일어나자 놀란 일본은 조선의 문화를 존중하겠다며 통치 방식을 바꾸었어. 이때 교육자 윤익선은 도서관 운동이야말로 우리 민족이 살 길이라며 1920년 경성도서관을 세웠어. 이 도서관에는 여성을 위한 부

인독서실을 따로 설치했지.

　1922년에는 이범승이 종로에도 경성도서관을 세웠어. 나중엔 윤익선이 세운 경성도서관은 분관으로, 이범승이 세운 경성도서관은 본관으로 운영하다 분관이 문을 닫자 본관만 운영했어. 본관에서는 특히 학교를 다니지 못하는 어린이와 여성을 위한 교육 활동이 활발했는데, 여성들에게 신교육은 물론 위생이나 가사에 관련한 강좌를 열기도 하며 다양한 활동들이 펼쳐졌어.

　참, 우리나라 최초의 근대도서관인 경성도서관을 세운 윤익선과 이범승은 후에 친일파로 기록되고 말아. 한국 도서관 역사에 큰 업적을 남겼지만 이 두 사람의 행보도 잘 기억해 둘 필요가 있어.

2015년에는 우리나라 최초로 성평등도서관 '여기'가 설립되었어. '여기'는 '여성이 기록하고 여성을 기억하는 공간'이라는 의미가 담겨 있어. 외국에도 이런 성평등도서관이 일찍부터 자리 잡고 있어. 특히 스웨덴의 '크빈삼 국립젠더연구도서관'은 북유럽에서 가장 규모가 큰 성평등도서관이기도 해.

　성평등도서관은 여성이 남성과 동등한 권리를 얻기 위해 노력해 온 여성의 역사를 간직한 곳이야. 이곳에선 편견과 차별로 그동안 사회에서 소외되어 온 여성들이 성평등한 세상을 만들기 위한 활동을 다양하게 펼치고 있어.

교과서 속 인권 키워드

 # 차별 어떤 기준을 두어 대상을 구별하고 다르게 대우하는 것을 말해요. 서로 다른 것을 차이라고 하는데 그 차이를 존중하지 않고 불이익을 주는 것이지요.

 # 젠더 남자와 여자를 구분하는 생물학적 성(sex)과 다른 의미로 사회·문화적으로 '만들어지는 성'(gender)이라는 의미예요. 남성다움, 여성다움은 태어날 때부터 있는 게 아니라 자라면서 만들어진다는 뜻이지요.

제2장

어린이라서 도서관 출입금지라고?

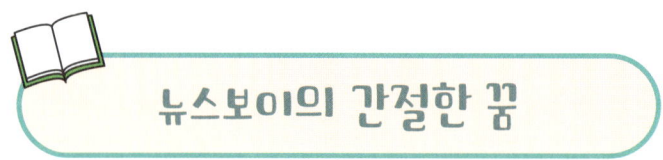
뉴스보이의 간절한 꿈

책을 공짜로 빌려준다고요?

1900년대 미국 뉴욕의 거리에는 '뉴스보이'라고 불리는 빈민층 신문 팔이 소년들이 많았어요. 일명 빵모자를 쓰고 신문 뭉치가 든 가방을 멘

채 하루 종일 이곳저곳을 뛰어다녔죠. 거리에서 잠을 자고 아침이면 신문사에 가서 한 뭉치의 신문을 사고 조금의 웃돈을 얹어 팔면서 생계를 이어나가고 있었어요.

열 살 제프도 그중 한 명이었어요. 제프는 한 부라도 더 팔기 위해 무거운 신문 뭉치를 들고 이른 아침부터 저녁 늦게까지 뛰어다녔어요.

"신문 사세요! 신문요."

제프는 오늘도 끼니를 거른 채 온종일 신문을 팔았어요. 저녁 즈음 되자 발이 아파 더는 걷기 힘든 지경이 되었어요. 제프는 바지주머니에 손

을 넣어 동전을 세어 보았어요. 하나, 둘, 셋……. 금방 셈이 끝났어요. 온종일 발이 부르트도록 뛰어 다녔는데 이렇게 팔아서는 빵도 제대로 사지 못할 거예요.

하는 수 없이 제프는 높은 빌딩들이 있는 곳으로 뛰었어요. 거기라면 양복을 차려 입은 아저씨들이 늦게까지 일하고 있을 테니까요. 아저씨들은 종종 제프의 신문을 사 주었어요. 빌딩에 가까워지자 한 아저씨가 제프를 불렀어요.

"뉴스보이! 신문 한 부 줘 봐!"

아저씨는 한눈에 보기에도 근사한 양복을 입고 있었어요. 아저씨가 제프에게 신문을 건네받으며 물었어요.

"아직도 많이 남았네. 몇 부나 가져온 거니?"

"백 부 사 왔어요. 그런데 아직 많이 남았어요."

"힘들겠구나. 이 늦은 시간까지……."

처음이었어요. 제프를 걱정해 주는 어른은요. 매일 아침 만나는 신문사 아저씨는 제프와 친구들에게 늘 '이 녀석들아!', '머리에 피도 안 마른 것들이!' 하고 소리만 지르거든요.

제프는 용기를 내어 아저씨에게 물었어요.

"아저씨는 무슨 일을 하세요? 어떻게 하면 아저씨 같은 근사한 사람이 될 수 있어요? 저도 양복 입고 일하는 어른이 되고 싶어요."

아저씨는 제프의 말에 웃음을 터뜨렸어요. 한바탕 웃던 아저씨가 두 손으로 제프의 어깨를 잡으며 눈을 마주쳤어요.

"글쎄……. 책을 읽어야 하지 않을까? 책 속에는 네가 알지 못하는 세상이 있거든. 무엇보다 책을 많이 읽으면 똑똑해지지. 그러면 나처럼 변호사도 될 수 있고 네가 원하는 무엇이든 될 수 있단다."

"책을 읽으면요? 그런데 저는 책을 살 돈이 없는 걸요."

아저씨는 뭔가 생각을 하는가 싶더니 이렇게 말했어요.

"저 큰 길 너머 보이는 건물이 도서관이야. 도서관은 책을 무료로 볼 수 있는 곳이지. 책을 빌려주기도 한단다. 거길 가 보면 어떻겠니?"

"도서관이요? 진짜 책을 그냥 빌려준다고요? 저기서 책을 많이 읽으면 아저씨처럼 되는 거죠? 진짜죠? 아저씨, 고맙습니다!"

제프는 신난 마음에 뒤 한번 돌아보지 않고 뛰었어요.

어린이는 도서관 출입금지

제프는 설레는 마음으로 도서관에 도착했어요. 그리고 조심스레 건물 안으로 들어갔지요. 너무나 조용해서 자신도 모르게 뒤꿈치를 들고 살

금살금 걸었어요. 그런데 갑자기 누군가 커다란 손으로 제프의 뒷덜미를 잡아끌었어요.

"누구냐! 누군데 여길 들어와?"

제프는 뒷덜미를 잡힌 채 도서관 층계 밑으로 끌려갔어요.

"놓으세요, 놓으시라고요!"

제프가 몸을 비틀어대자 그제야 관리인 아저씨가 손을 풀었어요.

"애들은 못 들어오는 거 모르나!"

"무슨 말이에요? 도서관에서 책을 빌려준다고 들었어요!"

아저씨가 험상궂은 표정으로 말했어요.

"이런 맹랑한 꼬맹이를 봤나? 어린이는 도서관에 오지 못해. 너 몇 살이야?"

"열 살이에요. 글을 읽을 수 있다고요!"

그러자 아저씨가 큰 소리로 말했어요.

"여기는 열여섯 살부터 들어올 수 있어. 책을 빌려줘 봐야 잃어버릴 게 뻔한데 누가 애들한테 책을 빌려주겠나!"

제프는 도서관에 들어갈 수 없다는 것을 알고 무척 실망했어요. 하지만 그럴수록 책을 읽고 싶은 제프의 마음은 더욱 간절해졌어요.

그날 밤, 제프는 다시 도서관으로 향했어요. 관리인 아저씨가 없는 틈을 타 몰래 들어가려고요. 하지만 도서관의 문은 굳게 닫혀 있었어요.

궁리 끝에 다음 날 제프는 변호사 아저씨를 다시 찾아갔어요.

"아저씨, 책 좀 빌려다 주세요. 아저씨처럼 멋진 사람이 되고 싶단 말이에요! 책을 빌려다 주시면 그 대신 신문은 매일 공짜로 드릴게요!"

제프의 당돌한 제안에 아저씨는 너털웃음을 터뜨렸어요.

"하하하! 그래, 뉴스보이! 그럼 이 주일에 한 번씩 책을 빌려다 주마!"

"야호!"

다음 날부터 제프는 아저씨의 도움으로 책을 읽을 수 있게 되었어요. 하지만 어떤 때는 아저씨가 빌려다 주는 책이 제프에게 너무 어렵기도 했어요.

"아저씨, 이 책은 도저히 못 읽겠어요. 무슨 말인지 모르겠어요."

제프는 아저씨를 졸라 다른 책을 빌려다 달라고 부탁했어요. 그런데 아저씨가 다시 빌려다 준 책은 재미가 없었어요.

"아저씨, 이 책은 너무 재미없어요. 죄송하지만 다른 책으로 빌려다 주시면 안 될까요?"

제프는 아침 일찍 아저씨를 찾아가 다시 졸랐어요.

그렇게 아저씨가 다시 빌려다 준 책은 제프의 맘에 쏙 들기도 했어요. 한번은 『톰 소여의 모험』을 빌려다 주었는데 제프가 신문 파는 일도 제쳐 두고 그 책에 푹 빠진 적도 있었어요.

그럴수록 제프는 도서관에 직접 들어가 보고 싶은 욕심이 났어요. 도서관에는 이렇게 재미있는 책들이 얼마나 많을까요? 제프의 손으로 한 권 한 권 책을 만지며, 한 자 한 자 제목을 읽으며 직접 책을 골라 보고 싶었지요.

"신문 사세요, 신문요!"

제프는 오늘도 무거운 신문 뭉치를 들고 도서관 앞을 지나갈 수밖에 없었어요. 제프는 언제쯤 도서관에 들어가 마음껏 책을 고를 수 있을까요?

굳게 닫힌 도서관 문을 바라보던 제프는 간절한 마음을 안고 거리로 내달렸어요.

도서관에 들어가지 못하는 어린이

> **어린이와 개는 출입금지?**

　오랫동안 대부분의 미국 공공도서관에 어린이는 들어갈 수 없었어. 8세부터 16세까지 도서관마다 나이를 제한하면서 어린이의 출입을 막았지. 심지어 '어린이와 개는 출입금지'라고 쓰인 표지판을 걸어 놓은 도서관도 있었어. 당시 사람들은 아이들이 책을 읽을 필요가 없다고 여겼던 거야. 아이들이 책을 망가뜨릴까 봐 만지는 것도 허락하지 않았어. 심지어 아이들에게 책을 빌려주면 금세 잃어버릴 거라고 생각했어.

　1876년이 되어서야 훗날 미국 도서관협회장이 되는 윌리엄 플레처가 도서관 출입에 나이 제한을 없애자고 주장했어. 어린 시절에 좋은 독서습관을 키울 수

있는 기회를 주어야 한다면서 말이지. 많은 사서가 이에 동의하면서 어린이들의 출입을 허가하기 시작했어. 그렇게 어린이가 도서관에 들어갈 수 있게 된 거야. 그리고 마침내 1890년과 1900년 사이에 미국의 많은 공공도서관들은 어린이실을 따로 만들어 운영하게 되었어.

어린이 도서관의 개척자 앤 캐롤 무어

1911년 뉴욕 공공도서관이 새롭게 문을 열었어. 새로 만들어진 어린이실의 총 책임은 사서였던 앤 캐롤 무어가 맡았지. 무어는 어린이 키에 맞는 책상과 의자를 구비하고, 어린이가 스스로 책을 고를 수 있도록 낮은 책꽂이를 놓았어. 또 어린이를 위한 독서모임을 만들고 유명 작가들을 초대하는 등 다양한 행사를 개최했어. 무엇보다 꾸준히 어린이 책을 소개하는 서평을 써서 좋은 책이 출판되도록 힘을 쏟았지.

뿐만 아니라 무어는 '어린이에 대한 존중'과 '어린이 책에 대한 존중'이 중요하다고 말했어. '어린이에 대한 존중'이란 어린이를 낮추어 대하지 않고 존중하며 책에 대한 어린이들의 요청을 진지하게 받아들여야 한다는 뜻이었어. 그리고 '어린이 책에 대한 존중'은 어린이를 위한 책은 바르게 쓰여야 하고 올바른 사실을 담은 것이어야 한다는 뜻이었지.

어린이 인권을 찾기 위한 노력

짓밟힌 어린이 인권

산업혁명이 시작된 18세기 중엽, 도시에는 많은 공장이 들어섰고 사람들은 일자리를 얻게 되었어. 하지만 이윤을 많이 남기려는 공장주들은 사람들에게 정당한 임금을 주지 않았어. 그러다 보니 온 가족이, 심지어 어린이들까지도 돈을 벌어야 살아갈 수 있었어.

아이들은 학교 대신 공장이나 탄광으로 일하러 나가야 했어. 적은 임금을 받으며 어둡고 위험한 환경에서 하루에 적게는 12시간, 많게는 19시간씩 노동을 해야 했어. 공장의 고장 난 기계를 고치기 위해 몸집이 작은 어린이를 위험한 곳까지 들여보내 목숨을 잃는 경우도 많았어.

그러던 1819년 영국은 9세 미만 어린이의 노동을 금지시키는 법안을 만들고 노동 시간도 하루에 12시간을 넘지 못하도록 했어.

여전히 계속되는 아동 노동

여전히 세계 여러 나라에서는 어린이들에게 노동을 시키고 있어. 파키스탄에서는 대여섯 살밖에 안 된 아이들이 온종일 쪼그려 앉아 축구공을 만들기 위해 바느질을 하고 있어. 손이 작아 촘촘하게 꿰맬 수 있다며 적은 임금을 주고 혹사시키는 거야.

우즈베키스탄 정부는 목화 수확철이면 초등학생들을 동원해 강제로 목화를 따게 해. 할당량을 채우지 못하면 퇴학시키기도 한대.

코트디부아르와 가나를 비롯한 서아프리카의 카카오 농장에서는 어린이들에게 무게가 45㎏이 넘는 카카오 열매 자루를 나르게 하고 있어. 심지어 보호 장비도 없이 농약 뿌리는 일을 시키기도 해. 그중에는 인신매매로 끌려와 농장에 갇힌 채 고된 노동을 하는 아이들도 많대.

어린이가 주인공인 「유엔아동권리협약」

두 번의 세계대전으로 수많은 사람들이 희생되자 인권을 보호해야 한다는 생각이 널리 퍼졌어. 그래서 유엔은 전쟁이 끝난 1948년 「세계인권선언」을 발표했어. 그리고 40여 년이 지난 1989년, 18세 미만의 모든 어린이와 청소년이 주인공인 협약을 만들었지. 그것이 바로 「유엔아동권리협약」이야. 우리나라도 1991년 이 협약을 지키기로 약속했어.

「유엔아동권리협약」이 중요한 이유는, 이것을 통해 어린이와 청소년은 반드시 도움과 보호가 필요하며 이들도 권리를 가진 존재라는 사실이 처음으로 인정되었기 때문이야. 이 협약에는 어떤 환경에서도 차별받지 않을 권리, 공평한 교육을 받을 권리, 위험으로부터 보호받을 권리, 놀 권리 등 아동이 누려야 할 권리를 모두 담고 있어. 그래서 세계 많은 나라에서는 어린이의 상황을 개선하는 데 「유엔아동권리협약」을 바탕으로 하고 있어.

우리나라 최초의 어린이 인권 선언

1900년대 초만 해도 우리나라에서는 아이들에게 '딸년', '아들놈', '아해놈'이라 낮춰 부르고 무시하기 일쑤였어. 어린이한테도 인권이 있다는 생각을 하지 못하던 때였지. 가난한 집안 사정 때문에 거리에 버려지거나 공장에서 힘든 일을 하며 학대받는 어린이가 많았거든.

이때 방정환은 어린아이도 어른과 똑같은 사람으로 존중해야 한다고 주장했어. 아이들을 존중하는 의미를 담아 '어린이'라 부르자고 목소리를 냈지. 그리고 마침내 1922년 5월 1일에 '어린이날'을 제정하게 된 거야.

1923년 5월 1일 처음으로 열린 어린이날 기념식에서 방정환은 「어린이날 선언문」을 발표하며, 어린이에게도 인권이 있다는 걸 널리 알렸어. 이것은 우리나라 최초의 어린이 인권 선언이었지.

+ 지식플러스

어린이날이 5월 1일?

원래 5월 1일은 세계 노동자의 날이었어요. 부당한 노동에서 해방되듯이 어린이들이 학대받는 환경에서 해방되길 바라는 마음으로 5월 1일을 어린이날로 정한 거예요. 1928년부터는 어린이날이 5월 첫째 주 일요일로 바뀌었고, 1938년 조선총독부가 모든 집회를 금지하면서 어린이날은 폐지되고 말았죠. 결국 해방된 후 1946년 어린이날 행사가 다시 시작되면서 이때부터 날짜도 5월 5일로 바뀌었어요.

모두를 위한 도서관

우리나라 도서관의 어린이 서비스

우리나라 공공도서관에서는 언제부터 어린이 서비스를 시작했을까? 1922년 종로에 세워진 경성도서관에는 어린이를 위한 책과 장난감이 있는 아동관이 따로 있었어. 특히 학교에 다니지 못하는 어려운 형편의 아이들을 모아 2년제 과정으로 국어(일본어), 조선어(우리말), 산술(수학) 등을 가르쳐 주는 교육 프로그램도 진행하고, 아동운동가를 초청해 강연과 동화회도 열었어. 이때 강연자가 우리나라 최초의 아동 잡지인 〈어린이〉를 펴내던 방정환이었지.

그 후 해방이 되면서 지금의 국립중앙도서관인 국립도서관이 문을 열었고 아동문고를 만들어 어린이들이 무료로 이용할 수 있도록 했어. 하지만 1950년 한

국전쟁으로 문을 닫게 되었지. 전쟁이 끝나고 다시 문을 열었지만 책장에 철망을 쳐 놓고 전처럼 어린이들이 자유롭게 책을 읽을 수 없던 시절도 있었어.

   1958년 아동문고는 어린이열람실로 이름을 바꾸면서 본격적으로 어린이 서비스를 시작하게 되었어. 얼마 후 도서관법이 만들어지면서 공공도서관 내에 어린이실을 반드시 설치해야 한다는 규정이 생겼지.

공공도서관의 어린이실보다 더 다양한 어린이 책을 구비한 곳은 어린이도서관이야. 일제강점기인 1924년 명진소년회가 경성에 세운 도서관이 우리나라 최초의 어린이도서관이야. 500여 권의 책과 100여 명이 앉을 수 있는 좌석이 있는, 규모가 꽤 큰 도서관이었는데 아쉽게도 얼마 안 가 문을 닫고 말았어.

우리나라에 현재까지 남아 있는 어린이도서관 중 가장 오래된 어린이도서관은 지금 서울특별시교육청어린이도서관으로 이름이 바뀐 서울시립어린이도서관이야. 이 서울시립어린이도서관은 1979년에 '세계 아동의 해'를 기념해 설립되었어.

2003년부터는 기적의 도서관 운동이 진행되면서 전국에 많은 어린이도서관이 건립되었어. 또한 2006년에는 국립어린이청소년도서관이 문을 열어 도서관을 찾는 어린이들이 점점 많아지기 시작했지. 이제 어린이라면 누구나 어떠한 차별 없이 도서관에서 책을 빌리고 읽으며 꿈을 키울 수 있게 된 거야.

+ 지식플러스

이인표 도서관 할아버지

이인표 할아버지는 1922년에 태어났어요. 한국 전쟁 때 부산으로 피난해 국제시장에서 장사를 시작하면서 기업가의 길을 걷게 되었죠. 그 후 구두를 만드는 회사 에스콰이아를 세웠어요. 이인표 할아버지는 회사를 운영하면서도 책을 읽고 싶어도 책을 구할 수 없는 아이들에게 관심을 가졌어요. 할아버지가 어렸을 때는 우리나라에 어린이들이 갈 만한 도서관이 없었죠. 그래서 자신의 어린 시절을 떠올리며 어려운 형편의 아이들이 많이 사는 지역을 찾아 도서관을 세우기 시작했어요. 그 첫 번째 도서관이 1990년 어린이날 서울 상계동에 세운 인표어린이도서관이에요. 우리나라 최초의 사립 어린이 전용 도서관이죠. 그 후 할아버지는 국내 14곳, 동포 아이들을 위해 중국과 러시아 등 해외 8곳에 어린이도서관을 세우며 문화적 혜택을 받지 못하는 어린이들이 내일을 향한 꿈을 꾸도록 도와주었어요.

교과서 속 인권 키워드

소수자 단지 사람의 수가 적은 것만이 아니라 상대적으로 힘이 없어서 차별받기 쉬운 사람들을 말해요. 그래서 이런 소수자를 사회적 소수자 또는 사회적 약자라고 부르기도 해요.

집회 사회의 변화를 만들어내기 위해 함께 모여 목소리를 높이는 거예요. 2010년 국가인권위원회는 "초등학생도 자유로운 의사 표현을 위해 집회할 권리가 있다"고 말했어요.

제3장

흑인이라서 도서관 출입금지라고?

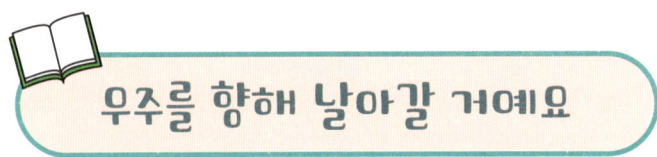
우주를 향해 날아갈 거예요

실컷 책을 읽고 싶어요

1900년대 미국 남부에서는 학교, 식당, 교회, 대중교통과 같은 공공장소에서 흑인과 백인을 분리하는 차별이 있었어요. 흑인과 백인은 같은 동네에 거주하지도 않았고, 같은 식당이나 상점을 이용하지도, 같은 학교를 다니지도 않았죠. 모든 것에는 흑과 백을 가르는 선이 그어져 있었던 거예요.

사우스캐롤라이나 주에 사는 아홉 살 헨리는 평범한 흑인 소년이에요. 하지만 그 작은 가슴속엔 보이지 않는 세계에 대한 관심이 가득했지요. 하늘의 별은 어떻게 반짝이는지, 왜 태양은 낮에만 보이고 밤에는 안 보이는지, 저 멀리 달에는 누가 살고 있는지 말이에요. 온통 궁금한 것투성이였어요.

하지만 헨리에게는 그 호기심을 풀 수 있는 방법이 없었어요. 아빠는 백인이 운영하는 가게에서 목수로 일했고, 엄마는 그 집의 부엌에서 음식을 만들었어요. 부모님은 주말도 없이 하루 종일 일했지만 옷 한 벌 사 입을 형편이 못 되었어요. 당연히 헨리에게도 책을 사 주기 어려웠지요. 헨리는 혹시나 하는 마음에 교회의 작은 도서관에도 가 보았지만 거기엔 우주와 관련된 책은 없었어요. 대부분 낡고 오래되어 볼 만한 책들이 없었지요.

어느 날 헨리는 결심했어요. 엄마 몰래 도심에 있는 커다란 도서관에 가 보기로요. 도심은 집에서 3마일이나 걸어야 했지만 상관없었어요. 우주 과학 책을 실컷 보고 싶은 마음뿐이었죠.

백인 전용 도서관이라고요

헨리는 걷고 또 걸었어요. 드디어 보이는 저 커다란 건물. 바로 도서관이에요.

'저 안엔 얼마나 많은 책이 있을까?'

헨리는 흥분되었어요. 처음 가 보는 곳이어서 긴장이 되었지만 그래도 용감하게 한 계단 한 계단 올라갔어요. 그리고 도서관의 문을 열었지요. 한 발 내딛는 순간, 도서관 안에 있던 모든 사람의 눈이 일제히 헨리에게로 쏟아졌어요.

"야! 너 글씨 못 읽어? '백인 전용'이라고 써 있는 거 안 보이니?"

한 아저씨가 험악한 얼굴로 다그쳤어요.

"야, 깜둥아, 어서 나가!"

이번엔 책을 보던 꼬마가 소리쳤어요.

"귀까지 먹었니? 여긴 흑인이 들어올 수 있는 곳이 아니야!"

업신여기는 눈빛으로 한 아주머니가 소리를 질렀어요.

헨리는 울고 싶었어요. 단지 우주 과학 책을 읽고 싶었을 뿐이었거든요.

그때 도서 대출대에 앉아 있던 사서가 일어나 헨리에게 다가왔어요. 그러고는 안내문의 '백인 전용'이라는 글씨를 손으로 가리켰지요.

"저거 읽을 수 있지? 이 도서관에 유색 인종은 들어올 수 없단다."

사서는 헨리의 말을 들어 볼 생각이 없는 것 같았어요. 헨리가 얼마나 우주에 대해 궁금한지, 얼마나 우주 과학 책을 읽고 싶은지 말이에요.

헨리는 여기서 물러서면 앞으로도 계속 책을 읽을 수 없을 거라고 생각했어요. 우주비행사가 되고 싶은 꿈도 이제 꿀 수 없을지도 모르고요. 헨리는 용기를 내서 두 주먹을 불끈 쥐고 도서 대출대 위로 올라가 섰어요.

"책을 빌려주지 않으면 내려가지 않을 거예요!"

헨리의 목소리는 떨렸지만 마음은 누구보다 더 굳세 보였어요.

"당장 내려오지 못해?"

사서는 화가 나 소리쳤어요. 하지만 헨리는 꿈쩍도 하지 않았어요.

"내려오지 않으면 경찰관을 부를 거야!"

사서는 얼굴이 붉으락푸르락 달아올라 소리쳤어요. 도서관 안의 사람들은 수군대거나 머리를 절레절레 흔들었어요. 어이없다는 듯 헨리를 쳐다보기도 했어요.

그때 한 할머니가 헨리를 측은하게 바라보며 이렇게 말했어요.

"얘야, 넌 책을 빌릴 수가 없단다. 떼를 써도 소용없어. 내가 대신 빌려다 주마."

그러나 헨리는 단호했어요.

"감사해요. 하지만 이건 아니에요! 제 이름으로 빌릴 때까지는 여기서 꼼짝도 하지 않을 거예요."

헨리의 용기

헨리의 소동으로 도서관은 발칵 뒤집혔어요. 결국 경찰관이 출동을 하고야 말았어요. 일이 점점 커져 버린 거죠.

"이 녀석이! 여기는 백인을 위한 곳이야!"

급히 달려온 경찰관이 소리쳤어요.

"왜요? 피부색이 다르다는 이유로 왜 차별하는 건가요? 왜 저는 책을 빌릴 수 없는 건데요?"

헨리도 소리쳤지요. 눈을 부릅뜬 경찰관이 숨이 막힐 듯 무서웠지만 어디서 이런 용기가 생겼는지 모르겠어요. 헨리는 그저 저기 책장에 가득한 우주 과학 책을 꼭 읽고 싶다는 생각만 했어요. 책을 빌릴 수 있을 때까지 대출대에서 내려오지 않을 작정이에요.

"흑인이라는 이유로 왜 다른 대접을 받아야 하지요? 왜 흑인은 백인이 이용하는 도서관에 갈 수 없는 건가요?"

헨리는 자신을 바라보는 사람들의 눈을 천천히 들여다보며 말했어요.

"저는 우주에 관한 책을 읽고 싶을 뿐이라고요. 이 소원이 잘못된 건가요?"

헨리의 두 눈에 저도 모르게 눈물이 차올랐어요.

도서관에서도 여전한 인종차별

소년 맥네어의 꿈

아홉 살 소년 로널드 맥네어는 1950년 사우스캐롤라이나 주의 가난한 집에서 태어났어. 대부분의 흑인 가정에서는 자녀가 인종차별에 대처할 수 있는 나이가 될 때까지 동네 바깥으로 외출하는 것을 허락하지 않았지.

하지만 맥네어는 도심에 자리 잡은 레이크시티 시립도서관에 가, 흑인에게는 책을 대출해 줄 수 없다는 말에 책을 빌려줄 때까지 돌아가지 않겠다며 고집을 부린 거야.

이랬던 맥네어는, 1984년 우주왕복선 챌린저호에 탑승한 최초의 흑인 우주비행사가 돼. 하지만 2년 후, 두 번째 비행에서 발사 73초 만에 챌린저호가 폭

발해 안타깝게도 생을 마감하고 말았지. 맥네어가 그토록 책을 빌리고 싶어 했던 레이크시티 시립도서관은 2011년 맥네어 역사관으로 새 단장되어 맥네어의 생애와 업적을 기념하고 있어.

인종차별을 없애기 위한 도서관의 노력

모든 사람이 평등하다는 말은 적어도 미국 남부에서는 통하지 않는 말이었어. 학교, 교회, 음식점, 도서관, 모든 공공시설에서 흑인과 백인은 분리되어 있었어. 흑인은 흑인 전용 이동도서관이나 작은 분관에만 출입할 수 있었지. 당연히 백인 전용 도서관에 비해 시설도 낙후되었고 장서도 빈약했어.

그러던 1950년대 말 테네시 주의 내쉬빌 공공도서관 위원회에서는 도서관 시설의 인종차별 문제를 투표에 부쳤어. 그 결과 도서관의 모든 시설에 인종차별 표시를 없애고 흑인들도 자유롭게 책을 빌릴 수 있도록 결정했지. 하지만 모든 도서관이 내쉬빌 공공도서관과 같은 결정을 한 건 아니었어.

1964년에는 루이지애나 주 클린턴의 도서관에서 다섯 명의 청년들이 침묵시위를 벌였어. 청년들이 도서 대출을 원했지만 사서는 흑인 전용 이동도서관에서만 책을 받을 수 있다고 했지. 그러자 다섯 명의 청년들은 침묵시위를 벌였고 결국 이 일로 법정에 서게 되었어. 1년 후 미국 연방대법원은 공공도서관의 흑백 분리정책은 불평등하다는 결론을 내렸어. 이처럼 흑인들은 책을 빌리기 위해 힘겨운 투쟁을 해야 했어. 당연한 권리를 얻기 위해 목숨까지 걸어야 했지.

흑인 인권을 찾기 위한 노력

노예에서 해방된 흑인들

19세기 초까지 아프리카의 수많은 흑인들은 미국 백인들의 노예로 팔려 가야만 했어. 낯선 아메리카 땅에서 흑인들은 물건처럼 사고 팔렸지. 다른 주인에게 팔리면 가족과도 헤어져야 했어. 자유는커녕 말을 안 들으면 죽도록 매를 맞았고 글도 배울 수 없었지.

그러던 1860년 에이브러햄 링컨이 미국 대통령에 당선되었어. 링컨이 1863년 노예해방선언을 함으로써 흑인들은 노예 신분에서 벗어날 수 있었어. 그리고 1865년 미국 수정헌법에 의해 흑인 노예 제도는 공식적으로 폐지가 되었어. 하지만 인종차별도 함께 사라진 것은 아니었어.

미국 남부는 짐 크로 법을 만들어 여전히 흑인을 차별했거든. 짐 크로 법이란 공공장소에서 흑인과 백인을 분리하도록 하는 법이었어. 이 법에 따라 흑인은 백인과 같은 학교에 다니지 못하고, 같은 식당이나, 같은 식수대를 사용할 수 없었어. 버스에서도 백인은 앞쪽에 흑인은 뒤쪽에 앉아야 했지.

불평등을 없애려는 흑인들의 노력

1951년 캔자스 주 토피카에 살던 여덟 살 흑인 소녀 린다는 집에서 1마일이나 떨어진 흑인 학교에 다녀야 했어. 그런 딸이 안쓰러웠던 아버지 올리버 브라운은 딸을 집 근처에 있는 초등학교에 보내려고 했어. 하지만 그 학교는 백인 학생들만 입학할 수 있었지. 피부색이 다르다는 이유로 린다의 입학은 거부되고 말았어. 그러자 브라운은 토피카 교육위원회를 상대로 소송을 걸었어.

1954년 대법원은 "백인 아동과 흑인 아동을 분리하는 것은 불평등하다."고 판결했어. 남부의 백인들은 심하게 반대했지만, 이 판결은 미국 사회의 인종차별 문제를 근본적으로 변화시키는 법적인 근거가 되었지.

흑인들의 버스 안 타기 운동

수많은 흑인들의 노력에도 불구하고 여전히 미국은 심각한 인종차별로 몸살을 앓고 있었어. 1955년 앨라배마 주 몽고메리에서 열다섯 살 소녀 클로뎃 콜빈은 학교를 마치고 집으로 가는 버스를 타고 있었어. 당연히 흑인 자리에 앉았지. 버스 안은 점점 사람들로 채워지자 버스 운전사는 클로뎃에게 백인이 앉도

록 자리에서 일어나라고 명령했어. 클로뎃은 거부했고, 운전사는 경찰을 불렀지. 그리고 어떻게 됐을까? 출동한 경찰은 클로뎃을 체포했어.

이런 일들이 곳곳에서 벌어지자 흑인들은 분노했고 흑인 지도자를 중심으로 '버스 안 타기' 운동을 시작했어. 이 운동은 1년이 넘도록 이어졌고, 인종차별 반대를 위한 흑인 민권운동으로 번져 나갔지. 당시 지도자 중 한 사람이었던 마틴 루터 킹은 수많은 협박과 테러를 당하면서도 평화적인 방법으로 인종차별 반대 운동을 전국적으로 확산시켰어.

셀마 행진과 마틴 루터 킹

남북전쟁이 끝나고 1870년에 드디어 흑인에게도 투표권이 주어졌어. 하지만 백인들은 투표하려는 흑인들에게 세금을 내게 하고 시험을 치르게 하는 등 투표권을 행사하지 못하도록 흑인들을 끊임없이 괴롭히고 위협했지. 이 때문에 흑인들은 유권자 등록조차 할 수 없었어.

그래서 선거로 선출되는 사람들은 모두 백인이었고 그들이 법, 교육, 치안 등 지역의 모든 일을 이끌었지. 마틴 루터 킹 목사를 비롯한 많은 흑인은 제대로 된 투표권을 얻기 위해 앨라배마 주 셀마에서 싸우기로 했어.

1965년 흑인들은 앨라배마 주 정부에 투표권을 요구하며 주지사 집무실이 있는 몽고메리까지 행진하기로 했어. 셀마에서 몽고메리까지는 매우 먼 거리였어. 경찰은 행진하는 사람들을 무력으로 진압했고 그로 인해 많은 사람들이 다쳤어. 그럼에도 흑인들은 포기하지 않았어. 그들은 평화를 지키며 평등을 향해 한 걸음, 한 걸음 행진을 시작했지.

행진이 있고 얼마 후, 에이브러햄 링컨이 노예 해방을 선언한 바로 그 장소에서 린든 존슨 대통령이 투표권법에 서명을 했어. 투표에 있어서 어떠한 차별도 있으면 안 된다는 내용의 법이었지.

모두를 위한 도서관

> **미국 의회도서관 최초의 흑인 도서관장**

1964년 많은 흑인의 노력으로 인종차별을 법으로 금지한 민권법이 제정되었어. 이에 따라 도서관들도 서서히 흑인들의 출입을 허용하기 시작했고 오늘에 이르렀지. 2016년에는 미국에서 제일 큰 도서관인 의회도서관장에 칼라 헤이든이 임명되었어. 그는 미국 의회도서관 최초의 흑인이자 최초의 여성 관장이야.

피부색이 다르다는 이유로 흑인에게는 허락되지 않던 도서관의 문이 이렇게 활짝 열릴 때까지 참 오랜 시간이 걸린 거야.

➕ 지식플러스

방탄소년단의 외침 "Stop Asian Hate"

2022년 방탄소년단이 백악관에 초청 받았어요. 코로나19 이후 미국 사회에 번진 아시아인에 대한 혐오와 편견에 대해 미국 대통령과 대화하기 위해서였죠. 이러한 혐오는 증오범죄로 이어졌고 백인우월주의로 인한 총기 난사 사건까지 터지면서 미국의 아시아인들은 큰 두려움에 떨어야 했어요. 사람을 생김새로 구분하고 그것에 우월함과 열등함이 있다고 생각하는 사람들이 아시아인을 향해 차별을 서슴지 않았던 거예요.

교과서 속 인권 키워드

 # 편견 어떤 대상을 공정하게 보지 못하고 한쪽으로 치우쳐 생각하는 것을 말해요. 편견은 차별로 이어질 수 있어 개인과 사회가 함께 편견을 없애기 위해 노력해야 하지요.

 # 혐오 나와 다른 존재를 존중하지 않고 미워하고 싫어하는 감정이에요. 타인이나 소수자 집단을 차별할 목적으로 사용되는 혐오 표현을 법으로 금지하는 나라도 있어요.

제4장

장애인이라서 도서관 출입금지라고?

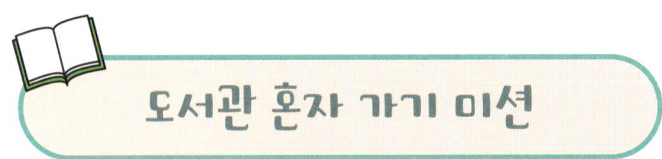

휠체어 타고 가는 길

그날의 사고 이후 민주의 일상은 전부 바뀌었어요. 친구들과 달리기 시합을 하며 학교에 가던 민주는 갑자기 달려 나오는 차에 부딪히는 사고를 당하고 말았어요. 큰 수술을 두 번이나 했지만 결국 민주는 다리를 쓰지 못하게 되었어요.

그렇게 2010년은 민주가 휠체어와 함께 시작된 해가 되었죠. 그와 동시에 엄마랑 둘이서 오랫동안 살던 집에서 이사를 해야 했어요. 엄마는 집 이곳저곳을 민주가 다닐 수 있게 수리했고, 책상도 새로 주문해 설치했어요.

민주는 여느 때처럼 엄마의 퇴근을 기다리고 있었어요. 그러다 휠체어 바퀴에 떨어져 있던 엄마의 수첩이 걸린 거예요.

1. 계단 없는 1층 집으로 이사 가기...OK

2. 휠체어가 걸리지 않도록 집안의 턱 없애기...OK

3. 휠체어가 들어갈 수 있는 책상 만들어 주기...OK

4. 민주와 외출하기...☐

엄마가 다 준비해 주셨구나.

민주는 수첩을 한동안 말없이 쳐다보았어요. 이제야 깨닫게 되었죠. 정든 집을 떠나 갑자기 이사 온 것, 집안 이곳저곳을 수리한 것, 그리고 새 책상으로 바꾼 것까지……. 이게 다 민주를 위한 엄마의 소원이었던 거예요.

민주는 엄마의 네 번째 소원에도 'OK'를 써 넣고 싶었어요. 사실 사고 후 한 번도 외출을 해 본 적이 없었거든요. 하지만 혼자서 멋지게 외출하는 모습을 엄마에게 보여 준다면 엄마가 엄청 기뻐하겠죠?

어디를 가 볼까 생각하다 도서관이 생각났어요. 사고가 나기 전까지 엄마와 도서관에 자주 다녔거든요. 민주는 용기를 내기로 했어요.

다음 날 아침, 민주는 휠체어를 탄 채 집을 나섰어요. 하지만 집을 나서는 순간부터 난관에 부딪혔지요. 울퉁불퉁한 도로에 바퀴가 걸려 통 나가지 않는 거예요. 도서관으로 가는 길은 멀지 않았지만 바퀴가 자꾸 걸리는 바람에, 가다가 쉬고 가다가 쉬기를 반복해야 했어요.

"쯧쯧쯧, 저런 어쩌다가……. 어린애가 참 안됐네."

지나가는 할아버지가 혀를 차며 말했어요. 안간힘을 쓰는 민주를 불쌍하다는 듯 쳐다보는 사람도 있었고요. 민주의 얼굴이 붉어졌어요. 한 번은 휠체어가 먼저 걷던 아주머니의 다리와 살짝 부딪치기도 했어요.

"어휴, 왜 밖에 나와서는 다른 사람 불편하게 만드니?"

아주머니가 구시렁거렸어요. 민주의 얼굴이 또 붉어졌어요. 민주는 얼른 도서관에 도착하기만 바랐어요. 그런데 도로에 튀어나온 턱이 왜 이렇게 많은지, 길은 또 왜 이렇게 울퉁불퉁한지요. 다치기 전에는 이런 것들이 보이지 않았는데 말이에요.

누구나 환영하는 도서관?

도서관 앞에 겨우 도착한 민주는 이미 기진맥진했어요. 하지만 도서관 앞에 '누구나 환영합니다'라고 쓰인 푯말을 보니 힘든 것도 잊고 가슴이 뛰기 시작했어요. 설레는 마음으로 이마에 맺힌 땀을 훔치며 힘차게 도서관 정문 앞에 휠체어를 세웠어요. 바로 그때 민주는 그만 훅, 하고 숨이 멎는 걸 느꼈어요. 바로 계단 때문이었어요. 다리를 다치기 전에는 있는지도 모르고 올랐던 계단이었지만 지금의 민주에게 계단은 높디높은 벽과 다름없었거든요.

민주는 고개를 두리번거리다 경비원 아저씨를 찾았어요.

"도서관에 들어가고 싶은데, 좀 도와주시겠어요?"

그러자 아저씨가 눈을 동그랗게 뜨며 물었어요.

"너 혼자 온 거니?"

그러더니 아저씨는 말도 없이 휠체어를 번쩍 들어 올려 계단을 쿵쿵 올라 민주를 올려다 주었어요. 민주는 너무 무서워 눈을 꼭 감고 말았어요. 도와주는 건 고마운데 이렇게 짐짝처럼 취급받는 건 너무 싫었거든요.

어쨌든 도서관 로비에 들어선 민주는 또 한 번 숨이 멎은 듯 꼼짝도 할 수 없었어요. 열람실에 가려면 계단으로 또 올라가야 했던 거예요. 엄마와 가위바위보를 하며 올라갔던 계단이 이제 커다란 장벽이 되어 민주를 가로막을 줄 미처 몰랐어요.

그때였어요. 갑자기 도서관 입구 쪽에서 경비원 아저씨가 소리치는 게 들렸어요.

"들어가시면 안 돼요. 도서관에 개는 들어갈 수 없다고요."

"안내견은 그냥 개가 아니라, 제 눈이라고요."

"다른 이용자들이 불편해해요. 안 됩니다."

"안내견은 훈련이 되어서 다른 사람들을 해치지 않습니다."

한 언니가 울 것 같은 얼굴로 문앞에서 쫓겨나고 있었어요. 옆에는 안내견이 있었고요. 민주는 언니가 이대로 도서관에서 쫓겨나는 걸 보고만 있을 수 없었어요.

"누구나 환영한다고 도서관 앞에 써 있잖아요. 그러면 안내견과 함께

온 시각장애인도 환영해야 하지 않나요?"

갑작스러운 외침에 안내견을 쫓아내던 경비원 아저씨가 멈칫했어요. 민주는 다시 카랑카랑한 목소리로 따지듯이 외쳤어요.

"'누구나'에는 장애인이 포함되지 않나요? 장애인도 똑같아요. 도서관을 자유롭게 다닐 수 있어야 한다고요!"

소란스러운 소리에 열람실에서 사서가 나와 민주에게 다가갔어요.

"얘, 조용히 하렴. 다른 사람에게 방해되잖니!"

민주가 지지 않고 힘을 주어 말했어요.

"다른 사람, 누구를 말하는 건가요? 누구든 장애인이 될 수 있어요. 저도 갑자기 장애를 가지게 되었어요. 우리는 다 예비 장애인이에요. 우리 모두의 일이라고요!"

관장 아저씨의 약속

그때였어요. 안경 쓴 아저씨가 계단을 급히 내려오며 말했어요.

"내가 도서관 관장이란다. 무슨 말인지 다 안다. 그렇다고 도서관에서 이렇게 소란을 피우면 어떡하니?"

민주는 이번에도 물러서지 않았어요.

"무슨 말인지 알겠다고요? 그러면 제 휠체어 한번 타 보시겠어요? 휠체어를 타고 책을 빌리신다면 그때 조용히 집에 갈게요."

민주의 당돌한 제안에 관장 아저씨는 흠칫 놀랐어요.

"어……. 그래, 내가 약속하마. 입구에 경사로도 만들고 엘리베이터도 설치할 거다. 휠체어를 타고도 도서관을 자유롭게 다닐 수 있도록 말이다. 안내견도 들어올 수 있도록 하고 말이야."

민주는 관장 아저씨의 약속을 믿고 집으로 돌아왔어요. 그리고 며칠 후 다시 도서관에 가 보았지요. 도서관이 어떻게 변해 있을까 상상하니 휠체어 바퀴를 미는 손에 절로 힘이 들어갔어요.

하지만 도서관에 도착한 민주는 실망했어요. 변한 게 아무것도 없었거든요.

"관장 아저씨! 고쳐 주신다고 하셨잖아요!"

민주는 계단 앞에서 크게 소리를 쳤어요. 관장 아저씨에게 소리가 들리도록 아주 목청껏요. 그러자 아저씨가 내려왔어요. 그러더니 한숨부터 내쉬었어요.

"얘야, 보니까 우리 도서관에 장애인이 통 오질 않아. 너 하나를 위해 엘리베이터를 설치할 순 없잖니!"

"엘리베이터가 없으니까 장애인이 도서관에 안 오는 거예요! 누구나 환영한다고 여기 이렇게 써 있잖아요. 장애인도 환영하는 거 맞나요? 아저씨의 약속이 지켜질 때까지 저 매일 올 거니까 그런 줄 아세요!"

민주는 관장 아저씨의 말에 화가 나 그만 소리를 꽥 지르고 말았어요.

비까지 추적추적 내리는 날, 민주는 우비를 입고 다시 도서관으로 향

했어요. 빗물 때문에 미끄러운 데다가 군데군데 패인 곳이며 솟아난 곳이며 울퉁불퉁한 도로 때문에 민주는 휠체어를 멈추고 싶었어요. 눈물이 나려고 했어요. 그래도 민주는 포기하지 않을 거예요. 엄마의 네 번째 소원에 'OK'라고 써 놓을 그날까지 말이에요.

장애인이 이용하기 힘든 도서관

엘리베이터를 설치해 주세요

2012년 여수의 한 공공도서관에서 있었던 일이야. 휠체어를 탄 여성이 도서관에 들어섰다가 멈춰 서고 말았지. 2층으로 가고 싶었지만 엘리베이터가 없었거든. 이 여성은 할 수 없이 되돌아가야 했어. 그리고 공공도서관에 엘리베이터가 설치되어 있지 않아 도서관의 시설을 이용할 수 없다며 국가인권위원회에 진정서를 냈지. 국가 또는 지방자치단체나 공공기관으로부터 인권을 침해당하거나 차별을 당한 경우 조사해 달라는 뜻이야.

국가인권위원회는 엘리베이터 없이는 장애인이 다른 층으로 이동할 수 없다며 이것은 장애인에 대한 차별이라고 말했어. 그러자 도서관은 빠른 시일 내에 엘리베이터를 설치하고, 장애인이 도서관의 모든 시설에 쉽게 접근할 수 있도록 하겠다고 약속했어.

이렇게 될 수 있었던 이유는 바로 2007년 우리나라에 장애인차별금지법이 만들어졌기 때문이야. 이 법으로 인해 도서관에서 장애인에게 서비스를 제공하지 않거나 거부하지 못하도록 하는 근거가 마련되었거든. 그래서 휠체어가 다닐 수 있도록 계단 옆에 경사로를 설치하고, 길의 방향을 알려 주는 유도블록을 만들어야 하며, 화장실에 손잡이가 있는 변기와 높이를 낮춘 세면대를 설치하도록 되었어. 즉 장벽(barrier)을 없앤(free) 도서관으로 바뀐 거지.

세계 도서관의 장애인 서비스

도서관의 장애인 서비스는 도서관 이용에 어려움이 있는 사람들을 위한 서비스를 말해. 장애인이 편리하게 이용할 수 있도록 시설을 정비하고, 장애인에게 점자도서나 음성도서 등 접근 가능한 자료를 제공하며, 수화나 점자 등을 할 수 있는 직원을 배치해 장애인의 도서관 이용을 돕고 있어.

장애인 도서관은 주로 시각장애인 도서관을 가리켜. 세계의 많은 나라에서는 시각장애인을 위한 별도의 규정을 만들어서 장애인 도서관을 운영하고 있어.

미국은 의회도서관이 장애인 서비스를 주도하고 있어. 의회도서관은 매년 많은 점자도서와 녹음자료를 만들어 시각장애인에게 우편으로 보내 주는 등 다양한 서비스를 하고 있어.

영국은 국가도서관이 주도하는 장애인 서비스 정책은 없어. 1868년 민간에서 시각장애인을 위한 단체를 만들었는데 2007년 국립시각장애인도서관과 통합하면서 유럽에서 가장 큰 장애인 서비스 기관이 되었지. 지금은 왕립시각장애인협회로 이름을 바꾸고 시각장애인을 위해 도서, 잡지, 악보, 시험지 등을 점자로 만드는 유럽 최대의 점자출판사 역할도 하고 있어.

장애인 인권을 찾기 위한 노력

「유엔장애인권리협약」

서양의 여러 나라에서는 오래전부터 장애인을 '비정상인'이라며 격리하고 차별했어. 장애를 가진 사람은 자기 몫의 일을 할 수 없어 가족에게 버림받기도 했어. 그렇게 버려진 장애인은 구걸을 하거나 서커스단에 넘겨져 사람들의 구경거리가 되는 등 비참한 삶을 살아야 했지. 한편 도시가 점점 커지고 많은 공장이 들어서는 산업화가 시작되자, 사고를 당해 장애인이 된 사람들이 점점 늘었어.

19세기 중반, 미국의 여러 도시에서는 '어글리 법(Ugly Laws)'이 있었어. 몸의 어느 부분이 다쳐 '흉한' 외모를 가진 사람은 거리나 공공장소에 나오지 못하도록 한 법이야. 1857년 샌프란시스코에서는 병에 걸렸거나 기형인 사람들을 공공장소로부터 추방하기까지 했어. 1911년 시카고에서도 기형인 신체를 드러내지 못하도록 했지. 이 '어글리 법'은 1974년에 이르러서야 폐지되었어.

사람들이 장애인 문제에 관심을 갖게 된 건 두 차례의 세계대전 이후 장애인의 수가 급격히 늘었기 때문이야. 그래서 1948년 유엔은 「세계인권선언」을 만들고 그 정신을 바탕으로 1975년에 「장애인권리선언」을 발표했어. 장애를 가진 사람들도 차별받지 않고 인간으로서 존중받아야 할 권리가 있다는 내용이었지.

2006년에는 「유엔장애인권리협약」을 유엔총회에서 만장일치로 채택했어. 이 협약은 모든 영역에서 장애인의 권리를 인정하고 인권을 보장받을 수 있도록 만들었어. 덕분에 장애인들의 삶이 크게 변하기 시작했어.

우리나라 장애인 인권 역사

조선시대만 해도 장애인에 대한 사람들의 사회적 편견은 훨씬 덜했어. 조선시대 장애인은 단지 몸이 불편한 사람이라 여겼거든. 장애인도 태어난 곳에서 다른 사람과 더불어 살아갈 수 있도록 나라에서 도움을 주었어. 사람들은 장애인을 사회 구성원의 한 사람으로 자연스럽게 받아들였지.

또 장애인이라도 직업을 갖고 스스로 일하는 걸 권했어. 실제로 조선시대 장애인은 자신에게 맞는 직업을 찾아 일하며 자립해 살았다고 해. 특히 조선 초기에는 명통시라는 장애인들로 구성된 관청이 있었어. 거기서 시각장애인들이 나라의 길흉화복을 점치거나 기우제를 지내는 등 일할 수 있었어. 또 영조와 정조 때의 재상이었던 채제공은 시각장애인이었음에도 과거에 급제한 후 오랫동안 나랏일을 맡았지.

자립하기 어려운 장애인에게는 다양한 지원을 해 주었어. 동서활인원이나 제생원 같은 구휼 기관을 설치하여 장애인을 먼저 구제하도록 한 거야.

우리나라 근대식 장애인 교육기관은 개신교 선교사들에 의해 설립되었어. 의료 선교사였던 로제타 홀은 우리나라 최초로 시각장애인 소녀들을 위한 특수학교를 설립했어. 또 시각장애인 소녀와 비장애인 소녀가 한 학교 한 교실에서 공부하는 '통합교육'도 실시하고, 뉴욕 점자를 한국어에 맞게 개발하는 등 장애인을 위한 교육에 많은 힘을 쏟았어.

하지만 일제강점기에 접어들면서 일본은 전쟁에 징발하기 어려운 장애인들을 골라내기 시작했고 장애와 비장애의 구분을 지어 차별했어. 이로 인해 장애에 대한 사람들의 인식도 점점 안 좋게 바뀌었지. 장애인이 놀림의 대상이 되거나 학대를 당하기도 했거든.

　이후 우리나라에 공장이 들어서고 산업화가 진행되면서 각종 사고와 질병으로 인해 장애인 수도 늘었어. 일상생활이 어려운 장애인들을 시설에서 지내게 하는 정책도 생겨났지. 우리나라의 장애인 수용시설은 일제강점기에 만들어졌어. 이곳에서 지내야 했던 장애인들은 사회로부터 격리되면서 자유를 누릴 권리도 빼앗기고 말았지.

장애인들의 절실한 권리, 이동권

2001년 지하철 4호선 오이도역에서 장애인용 리프트가 추락했어. 한 명이 숨지고 한 명이 크게 다쳤지. 지금은 상황이 나아졌지만 예전에는 엘리베이터가 없는 지하철역이 많았어. 장애인들이 지하철을 타려면 계단에 설치된 리프트를 타야 하는데, 그 리프트가 위험해서 추락사고가 빈번했어. 심한 경우 사망사고로까지 이어졌지.

오이도역 사고 후, 휠체어를 탄 장애인들은 지하철 1호선 서울역에 모였어. 동료들의 도움으로 지하철 선로 아래로 천천히 내려갔지. 그러고는 외쳤어.

"장애인의 이동권을 보장하라!"

잠시 후, 지하철이 도착한다는 신호음이 울려 퍼졌어. 하지만 어두운 레일 위에 드러누운 그들은 꼼짝하지 않았어. 원하는 때, 가고 싶은 곳에 갈 권리 '이동권'은 장애인들에게 절실했거든. 엘리베이터가 없어 지하철을 타려다 사고를 당하고 버스는 탈 수도 없었던 장애인들에게 이동권은 생존과 직결된 권리였어.

장애인들의 힘겨운 싸움 끝에 2005년 이동권을 당연히 보장받아야 할 인권으로 규정하는 법이 만들어졌어. 그 뒤 저상버스가 만들어졌고 지하철역에는 엘리베이터가 의무적으로 설치되기 시작했어. 그리고 2007년에는 '장애인차별

금지법'이 제정되었어. 이 법은 장애를 가졌다는 이유로 당하는 차별을 막고, 장애인과 비장애인이 동등하게 존중받으며 살아갈 수 있도록 하는 법이야.

+ 지식플러스

모두를 위한 유니버설 디자인

저상버스는 장애인만을 위한 버스가 아니에요. 장애인뿐 아니라 노인, 어린이, 임산부에게도 두루 편리한 버스죠. 때로는 무거운 짐을 든 청년이나 유아차를 끄는 부부에게도 도움이 돼요. 모두 안전하고 편리하게 탈 수 있거든요. 이렇게 장애의 유무, 성별, 나이, 국적, 문화적 배경과 상관없이 누구나 쉽게 쓸 수 있는 제품과 환경을 만들어 주는 디자인을 '유니버설 디자인'이라고 해요. 저상버스, 높이가 다른 지하철 손잡이, 자동문, 경사로, 막대로 된 문손잡이같이 우리 주변에서 흔히 볼 수 있죠. 처음부터 모든 사람이 함께할 수 있도록 만들어진다면 누군가를 위한 편의시설을 따로 설치할 필요가 없어요. 결국 장애인을 위한다는 것은 모두를 위한 것이 될 거예요.

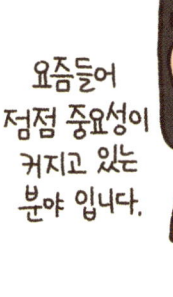
요즘들어 점점 중요성이 커지고 있는 분야 입니다.

유니버설디자인이란 제품, 시설, 서비스 등을 이용하는 사람이 '성별, 나이, 장애, 언어 등으로 인해 제약을 받지 않도록 설계하는 것'을 말합니다.

모두를 위한 도서관

> 우리나라 도서관의 장애인 서비스

우리나라 시각장애인 도서 대출 서비스는 박두성이 자신의 집에서 점자책을 빌려준 것에서 시작되었어. 조선총독부 제생원 맹아학교 교사였던 박두성은 시각장애인을 위해 1926년 '훈맹정음'이라는 한글점자를 만들고, 『천자문』, 『조선어 독본』 등의 책을 점자책으로 만들어 시각장애인에게 빌려주었어.

한편 우리나라 최초의 점자도서관은 1969년 육병일이 세운 한국점자도서관이야. 시각장애인들이 읽을 만한 책이 거의 없었던 시절, 육병일은 시각장애인에게 읽고 배울 수 있는 길을 열어 주기 위해 자신의 재산을 털어 점자도서를 인쇄하고 도서관을 운영했지. 이후 1981년 국제장애인의 해를 계기로 우리나라에도 점자도서관이 세워지기 시작했어.

이후 점자도서관이 늘면서 외국처럼 나라에서 직접 운영하는 장애인 도서관이 있어야 한다는 목소리가 커졌어. 2007년 도서관법이 개정되면서 장애인 서비스에 대한 국가적인 대책을 세우는 국립장애인도서관지원센터가 만들어졌고, 2012년에 마침내 국립장애인도서관이 문을 열었어.

교과서 속 인권 키워드

 # 교통약자 장애인, 고령자, 임산부, 영유아를 동반한 사람, 어린이 등 일상생활에서 이동에 불편을 느끼는 사람을 말해요. 교통약자가 안전하고 편리하게 이동할 수 있도록 법률로 보장하고 있어요.

 # 장애인 장애가 있는 사람을 부를 때 우리나라에서 법률로 정한 용어예요. '놈 자(者)'를 쓰는 장애자나 자신을 가리킬 때 쓸 수 없는 '벗 우(友)'가 붙은 장애우는 쓰지 않아요. 장애인이 아닌 사람은 '아닐 비(非)'를 붙여서 비장애인이라고 해요. 정상인, 일반인이라는 말은 쓰지 않아요.

제5장

이주민이라서 도서관 출입금지라고?

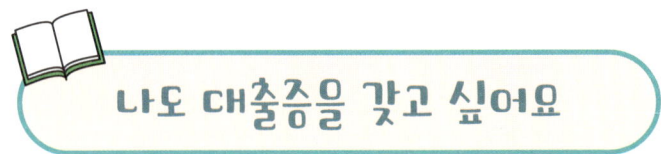
나도 대출증을 갖고 싶어요

미등록 이주자라는 꼬리표

라이는 오늘도 도서관 앞마당을 서성였어요. 들어갈까 말까 고민하면서 계단 하나 올랐다 다시 내려오길 벌써 20분째예요. 아빠가 꼼짝 말고 집에 있으라고 했는데 이렇게 밖에 나온 걸 알면 분명 혼낼 거예요. 하지만 라이는 도저히 가만히 집에만 있지 못했어요.

우연히 도서관에 가 본 뒤로 라이는 매일 도서관 꿈을 꾸었거든요. 처음엔 도서관이 뭐 하는 곳인지 몰랐어요. 어느 날 집 앞 공터에 나와 있는데, 저쪽에서 라이 또래 아이들이 어떤 건물 안으로 우르르 들어가는 걸 보았어요. 신기한 마음에 라이도 따라 들어갔지요.

그랬더니 그 안에 어찌나 책이 많은지, 라이의 눈이 휘둥그레졌지요. 아이들은 소파에 앉아 자유롭게 책을 읽고, 또 양팔 한가득 책도 빌려서 갔어요. 라이의 눈엔 천국처럼 보였어요. 안 그래도 라이는 책을 엄청 좋아했거든요.

그때부터였어요. 라이는 아빠가 출근하면 몰래 집을 나와 도서관 앞을 서성였지요. 집에는 아빠가 한글 공부하라며 사다 준 책이 몇 권 있었지만 이미 그 책은 수십 번도 더 읽었는걸요.

도서관 앞마당을 병아리처럼 종종거리던 라이는 심호흡을 했어요. 오늘은 꼭 도서관에 들어가 책을 빌리겠다며 계단을 하나하나 올라갔지요. 그러고는 열람실 문을 조심히 열었어요.

눈앞에는 책과 아이들로 가득 찬 광경이 펼쳐졌어요. 밖에 나가면 안 된다는 아빠의 말은 이미 잊은 지 오래였죠. 수많은 책들 속에 파묻혀 하루 종일 책만 읽어도 지루하지 않을 것 같았어요. 라이는 신이 나 도서 대출대의 사서에게 물었어요.

"정말 이 책들을 집에 가져가서 읽을 수 있는 건가요?"

사서는 라이의 질문이 귀여웠는지 웃으며 대답했어요.

"그럼. 대출증만 있으면 빌려준단다."

"그거 저도 만들어 주세요."

그러자 사서가 대출증 신청서를 내밀며 말했어요.

"여기, 이름과 주소, 전화번호 그리고 어느 학교 몇 학년 몇 반인지 적어서 줄래?"

"학교요?"

라이는 신청서를 받아 들고 깜짝 놀라 물었어요.

"저는 학교에 다니지 않아요. 그러면 안 되나요?"

"음……. 애야, 몇 살이니?"

"열 살이요."

"열 살인데 학교에 안 다닌다고?"

사서는 라이를 의아한 얼굴로 쳐다보며 말했어요.

"그러면 부모님을 모셔올 수 있니? 보호자의 동의가 있어야 대출증을 만들 수 있어."

순간 라이의 얼굴이 어두워졌어요. 라이는 대출증 신청서를 조용히 내려놓았어요. 그러고는 힘없이 도서관을 나왔어요.

라이는 학교에 다니지 않아요. 아빠는 라이가 미등록 이주자라서 그렇대요.

"미등록 이주자로 산다는 건 피를 말리는 일이지. 단속에 걸릴까 봐 가슴 조이고, 월급을 떼이거나 부당한 일을 당해도 항의하지 못하지. 우리 라이도 학교에 가지 못하고 말이야. 아빠가 미안하다."

아빠와 라이는 네팔 사람이에요. 라이가 태어나고 바로 며칠 뒤 라이의 엄마는 하늘나라로 떠났어요. 아빠는 라이가 네 살이 되던 해에 라이를 데리고 한국에 일하러 왔어요. 그리고 지금까지 여러 공장을 다니며 돈을 벌었죠.

아빠가 출근하면 라이는 어두운 방에서 아빠를 기다렸어요. 책을 읽거나 텔레비전을 보면서요. 아빠는 라이에게 집 밖에 나가면 안 된다며 신신당부를 했어요. 그런 아빠에게 도서관에 함께 가 달라고 할 수는 없었어요. 집으로 돌아오는 라이의 눈엔 도서관을 가득 채운 책들이 자꾸만 어른거렸어요.

동시 짓기 대회

아빠가 출근하자 라이는 몰래 집 밖으로 나왔어요. 저 멀리서 아이들이 가방을 메고 도서관 안으로 들어가고 있었어요. 라이의 발걸음이 저도 모르게 또 도서관으로 향했어요.

도서관 입구에는 어제는 보지 못한 현수막이 걸려 있었어요. 현수막엔 〈제3회 나도 시인: 어린이 동시 짓기 대회〉라고 써 있었죠.

자세히 보니 다음 주 토요일에 도서관 앞마당에서 어린이 동시 짓기 대회가 열린다는 거예요. 라이는 여러 번 현수막에 적힌 설명을 읽어 보았어요. 학교를 다녀야 한다거나 부모님과 함께 오라는 말은 없었어요!

라이는 신이 났어요. 라이의 공책엔 아빠가 큰 빚을 지고 한국에 온 이야기, 아빠가 일하던 플라스틱 공장에 불이 나 병원에 입원했던 이야기, 월급을 떼이고 수십 번 공장을 옮겨 다닌 이야기를 떠올리며 그때의 감정을 적어 놓은 게 많았어요. 그런 라이의 모습을 보고 아빠는 칭찬해

줬어요.

"우리 라이, 한글 정말 잘 쓴다. 시인이야, 시인!"

동시 짓기 대회라면 라이도 꼭 한번 참여해 보고 싶었어요. 잘할 자신이 있었거든요.

드디어 대회가 열리는 토요일이에요. 라이는 연필을 챙겨 도서관으로 갔어요. 도서관 앞마당에서 벌써 아이들이 많이 와 있었어요. 라이도 도서관에서 나눠 준 종이를 받아 들고 구석에 자리를 잡고 앉았어요.

라이는 무얼 쓸까 궁리하다 역시나 아빠 이야기를 쓰기로 했어요. 지금 가구 공장에서 일하는 아빠는 늘 뿌연 톱밥 먼지를 뒤집어쓰고 돌아오세요. 집 앞에서 톡톡 먼지 터는 소리가 들리면 그제야 '오늘도 아빠가 무사히 돌아왔구나.' 하고 안심을 하지요.

「아빠 오는 소리」

초인종을 누르지 않아도 알아요
톡톡
집 앞에서 먼지 터는 소리

톡톡

뿌연 톱밥 날아가는 소리

톡톡

난 그제야 큰 숨을 내쉬어요

톡톡

오늘도 아빠 무사하다는 소리

라이, 시인이 되다

아빠는 한 달에 두 번 쉴 수 있어요. 그날은 라이가 손꼽아 기다리는 날이에요. 아빠와 함께 모처럼 외출하는 날이거든요. 아빠와 시장에 가서 옷도 사고 신발도 사지요.

아빠의 손을 잡고 걷는데 도서관이 보였어요. 도서관 앞에는 커다란 현수막이 바람에 나부끼고 있었어요. 그런데 현수막에 〈어린이 동시 짓기 우수상: 라이〉라는 낯익은 이름이 보이는 게 아니겠어요?

라이가 우수상을 받은 거예요. 라이는 너무 기뻐 아빠에게 소리쳤어요.

"아빠, 저것 좀 보세요! 나예요! 내가 쓴 시가 뽑혔다고요!"

라이의 가슴은 팔딱팔딱 뛰기 시작했어요.

"아빠, 얼른 도서관에 가요. 상으로 책 열 권을 준대요!"

아빠는 놀란 표정으로 라이에게 말했어요.

"언제 저런 대회에 나간 거야? 아빠한테 말도 없이!"

"아, 죄송해요. 하지만 꼭 참가하고 싶었어요! 어서 상 받으러 가요!"

그러자 아빠는 슬픈 표정으로 한숨을 내쉬었어요.

"안 돼, 라이야! 아빠가 말했잖니. 아빠 친구들 여럿이 추방됐다고. 도서관에 갔다가 우리가 미등록 이주자인 게 알려지면 바로 추방된단다."

"왜요? 우리 이렇게 한국에서 잘 살고 있는걸요?"

라이의 눈에 눈물이 그렁그렁 맺혔어요.

"그래, 하지만 한국에 살고 있어도 여기 사람들 눈에는 우리가 똑같은 사람으로 보이지 않는 것 같아. 한국인들보다 힘들고 위험한 일을 하고 있어도 가난한 나라에서 왔다며 무시하고 욕하는 걸 보면 말이다……."

아빠의 슬픈 목소리에 라이는 아무 말도 하지 못했어요. 라이는 한국을 좋아해요. 한국 음식도, 한국 노래도 다 좋아하지요. 한국의 동화책도 정말 재미있어요.

이렇게 라이는 한국을 좋아하지만 한국은 라이를 받아 주지 않는 것 같아요. 뚝뚝, 눈물이 땅바닥에 떨어졌어요.

도서관 이용이 어려운 미등록 이주아동

미등록 이주아동의 도서관 이용

우리나라가 1991년 가입한 「유엔아동권리협약」에는 어린이라면 누구나 차별 없이 교육받을 권리가 있다고 했어. 우리나라 정부는 이 「유엔아동권리협약」에 따라 체류 자격과 관계없이 어린이의 권리를 보장해야 하지.

하지만 우리 정부는 이 협약을 지키지 않았어. 대한민국 국적이 아닌 아동은 의무교육 대상자가 아니라며 입학을 허가하지 않았어. 도서관도 마찬가지였어. 학교에 다니지 않아 신분 확인이 어렵거나 보호자의 동의 절차가 없으면 대출증을 만들어 주지 않았거든.

반면 미국의 도서관들은 이주민을 차별하지 않았어. 도서관을 이용할 때 신분증이나 사회보장제도를 통한 신분 확인 절차가 필요 없거든. 같은 지역의 집 주소가 적힌 우편물이나 집 계약서만 있으면 도서관 대출증을 발급받을 수 있어. 미등록 이주자도 마찬가지야.

결국 2003년 유엔 아동권리위원회는 한국 정부에 '모든 외국인 어린이에게도 한국 어린이들과 동등한 교육을 받게 하라'고 이야기했어. 그러자 점차 우리나라도 미등록 이주아동에 대한 교육권을 보장하기 시작했지. 그래서 지금처럼 미등록 이주아동이라도 고등학교를 졸업할 때까지는 단속에 대한 걱정을 잠시 내려놓고 학교에 다닐 수 있게 된 거야.

이주민을 위한 미국의 공공도서관

미국은 처음부터 이주민들이 중심이 되어 세운 나라야. 특히 19세기 초 유럽에서 다양한 국적과 민족적 배경을 가진 수많은 사람들이 미국으로 옮겨 갔어. 그래서 미국의 도서관들은 일찍부터 이주민들의 요구에 관심을 기울이고 다문화 서비스에 대한 고민을 해 왔지.

1960~1970년대에 이주민들은 미국 사회에 빨리 정착하는 것이 목표였

어. 공공도서관도 이들이 미국 사회에 잘 적응할 수 있도록 지원했지. 특히 1977년부터 시작된 뉴욕 퀸즈 도서관의 '뉴아메리칸 프로그램(New Americans Program)'은 이주민을 위한 대표적인 프로그램이야. 퀸즈 지역에 사는 사람들 중 절반은 이주민이었어. 퀸즈 도서관은 이주민들이 미국에서 살아가는 데 필요한 주거, 교육, 의료, 금융 등에 관련한 정보들을 제공하며 정착을 도왔어.

그러다 1990년대에 들어서면서 이주민들이 미국 문화에 적응하는 것만큼이나 그들의 고유한 문화를 존중하는 것이 중요하다는 목소리가 커졌어. 그래서 다양한 이주민들의 언어로 프로그램을 열기 시작한 거야. 이주민들 각각의 언어로 도서관 홈페이지를 운영하거나 통역 서비스를 지원하여 이주민이 불편 없이 도서관을 이용하도록 지금도 노력하고 있어.

이렇게 미국의 공공도서관은 누구나 차별 없이 도서관을 이용할 수 있게 문턱을 낮추고 있어.

이주민 인권을 찾기 위한 노력

세계 이주민의 날

이주민이란 짧은 시간 혹은 평생 동안 다른 지역에 옮겨 가서 사는 사람을 말해. 대개 국경을 넘어와 사는 사람을 말하지.

인류의 역사가 시작된 이래 사람들은 끊임없이 이동해 왔어. 더 나은 삶의 기회를 찾기 위해서지. 더 높은 임금과 좋은 교육 등을 위해 자발적으로 이주하기도 하고 전쟁과 가난, 종교적 박해, 정치적 탄압 때문에 어쩔 수 없이 떠나기도 해.

20세기 초부터 이주하는 사람의 수는 점점 증가했어. 저출생과 고령화 문제로 일손이 부족한 나라에서는 이주민을 받아들이고, 인구는 많지만 일자리가 충분하지 않은 나라에서는 다른 나라로 국민을 보내기도 했지.

이렇게 국경을 넘어 이주하는 사람들이 늘어나자 국제사회가 서로 협력하기로 했어. 1990년 유엔총회는 '모든 이주노동자와 그 가족의 권리에 관한 국제 협약'을 만들었지만 많은 나라들이 참여하지는 않았어. 그래서 유엔은 다시 2018년 '안전하고 질서 있고 정규적인 이주를 위한 전 지구적 계약'을 만들었

고, 미등록 이주노동자를 포함한 모든 이주민을 보호하자는 내용의 이 약속에는 훨씬 많은 나라들이 참여하기 시작했어.

매년 12월 18일은 전 세계 이주노동자의 권리를 보장하기 위해 만들어진 '세계 이주민의 날'이야. 국경을 넘는 이들이 안전한 지역으로 이주하여 살 수 있는 권리, 인간으로서 존엄성을 지키며 일할 수 있는 권리를 보장할 책임이 우리 모두에게 있어. 비록 미등록 신분으로 머물지라도, 나라를 잃고 떠도는 난민일지라도 말이야.

한국에 온 이주노동자들

한국에 와 있는 이주민들은 어떤 사람들일까? 일자리를 찾아 온 이주노동자도(흔히 '외국인 노동자'라고도 부르는데, 한 나라 안에서 노동자를 내국인과 외국인으로 구분해 나누기보다는 이주노동자라고 부르는 게 적합하지.) 있고 국제결혼을 통해 정착한 결혼 이주민, 북한이탈주민, 그리고 외국 국적 동포, 유학생, 난민 등 각양각색이야.

1980년대 후반부터 우리나라에는 힘들고 위험한 곳에서 일할 사람이 부족

해지기 시작했어. 그래서 정부는 본격적으로 이웃 나라의 노동자들을 불러들였어. 그런데 이주노동자가 자유롭게 직장을 이동할 수 있는 대부분의 유럽 국가와는 달리 우리나라는 이주노동자들에게 정해진 기간에 지정된 직장에서만 일할 수 있게 했어. 가족과 같이 들어와 정착하는 것도 안 되지.

노동 기간을 연장하는 것도 일터를 옮기는 것도 모두 고용주의 허가를 받아야 해. 그래서 고용주의 눈치를 보느라 인권 침해 문제가 생겨도 참고 견디는 경우가 대부분이야. 고용주는 일터를 옮기려는 노동자에게 허가를 해 주지 않고 이탈 신고를 할 수 있거든. 그러면 노동자의 체류 자격인 비자가 취소되고 말아. 그럼 순식간에 미등록 이주자가 되는 거야.

 미등록 이주노동자의 인권

어떤 이주민도 미등록 신분으로 살아가고 싶지 않을 거야. 하지만 우리나라의 법이 너무 까다로워 많은 이주노동자들이 미등록 신분이 되는 편이래. 정부는 미등록 이주민을 '불법 체류 외국인'이라며 단속하고 있어. 한편 유엔과 국가인권위원회는 이 용어가 미등록 이주민에 대한 편견과 혐오를 불러일으킨다며 쓰지 말도록 했어.

　부모의 체류 기간이 연장되지 않아 외국인 등록을 하지 못하면 그 자녀도 미등록 이주자가 되는 거야. 출생신고도 하지 못하고 무국적자로 사는 미등록 이주아동들도 많이 있어.

　미등록 이주아동이 예전과 달리 학교에는 다닐 수 있게 되었지만 생활하는 데 겪는 어려움은 크게 나아지지 않았어. 의료보험에 가입하는 것이 어려워서

아프면 병원에 가기가 힘들어. 보험 혜택을 받을 수 없어서 병원 치료비가 매우 비싸거든. 의료보험 가입자여야 갈 수 있는 학교 현장학습도 참여할 수 없지. 그뿐만 아니라 자기 이름으로 휴대폰을 등록한다거나, 은행 계좌도 마음대로 만들 수 없어서 불편하게 살 수밖에 없어. 국가자격증 시험도 보기 어려워서 자신의 꿈을 펼치기 위해 넘어야 할 장벽이 아주 많아.

이처럼 미등록 이주아동들은 미래를 꿈꾸기보다 하루하루 불안을 견디며 살고 있어. 아무런 잘못 없이 부모가 미등록 이주노동자라는 이유로 말이야.

이주민으로 살던 한국 사람들

우리나라 사람들도 이주민으로 지낸 시절이 있었어. 조선 말기 일본 제국주의를 피해 중국 만주와 러시아 연해주로 이주해 황무지를 개간하며 척박한 삶을 일궜지.

1902년부터는 사탕수수 농장에서 일하기 위해 수천 명의 한국인들이 하와이로 향했어. 계약 기간이 끝난 뒤 일본이 침탈한 한국에 돌아가지 않고 미국에 남아 광부나 철도 노동자로 이주민의 삶을 이어가기도 했어.

또 일본에 토지를 빼앗긴 농민들은 만주와 일본으로 이주해 갔고, 독립운동가들은 중국, 러시아로 건너가 독립운동을 펼치기도 했어.

1960년대 한국은 전쟁이 끝난 후 경제를 일으키기 위해 외화가 필요했어. 2만 명에 가까운 사람들이 독일로 건너가 광부와 간호사로 외화를 벌기도 했지.

또 1970~1980년대 이라크, 사우디아라비아 등 중동의 건설 현장으로 넘어가 무더위와 싸우며 일했던 시절도 있었어.

모두를 위한 도서관

> 한국의 다문화 도서관

우리나라도 다문화 사회로 빠르게 변화하고 있어. 다문화란 여러 문화가 공존하는 것을 말해. 그러니까 다문화 사회란 다양한 피부색, 언어, 문화를 가진 사람들이 서로의 문화적 차이를 인정하며 사회 구성원으로 함께 살아가는 사회를 말하지.

우리나라도 1980년대 이후 국경을 넘어 이동하는 사람들이 빠르게 늘어났어. 점점 도서관도 이주민에 대한 서비스를 고민해 왔고, 다문화 도서관도 생겼지.

2008년 서울에 우리나라 최초의 다문화 어린이도서관 '모두'가 문을 열었어.

'모두'에는 중국, 일본, 러시아, 몽골, 베트남, 방글라데시 등 여러 나라의 언어로 된 자료들을 갖추고 있어. 이곳은 다양한 문화를 가진 사람들이 어우러지며 서로를 알아가는 공간이 되고 있지.

경기도 안산은 이주민들이 모여 사는 대표적인 지역이야. 이곳에 '안산 다문화작은도서관'이 만들어졌어. 도서관 이름처럼 이용자 대부분이 여러 문화권에서 온 이주민이야. 이곳은 이주민의 쉼터 겸 사랑방 역할을 하며 이주민들에게 책 읽는 즐거움을 전해 주고 있어.

+ 지식플러스

누구도 예외 없이! 인권

2022년 2월 러시아가 우크라이나를 침공했어요. 미사일 공격으로 아파트가 무너지고 학교와 병원에 포탄이 떨어졌어요. 수백만 명의 사람들은 고향을 등지고 고국을 떠나 난민이 되었어요. 이중 대부분은 어린이와 여성이었어요. 하루아침에 삶의 터전과 가족을 잃는 아픔을 겪어야 했죠. 지금 이

+ 지식플러스

들에게 가장 필요한 것은 차별 없는 지원과 보호일 거예요. 6월 20일은 유엔에서 정한 '세계 난민의 날'이에요. 난민이 처한 어려움을 이해하고 지구촌 이웃으로서 책임감을 가지는 것이 필요해요. 누구도 예외 없이 인권은 존중되어야 하니까요.

교과서 속 인권 키워드

난민 전쟁이나 정치적·종교적 박해 등 어쩔 수 없는 사정으로 고국을 떠날 수밖에 없는 사람들을 말해요. 우리나라는 1992년 난민을 차별 없이 보호하겠다는 약속을 국제 사회에 하고 '난민협약'에 가입했어요.

노동권 고용주와 노동자의 관계에서 늘 약자가 될 수밖에 없는 노동자를 위해 각 나라마다 노동의 권리를 헌법으로 보장해 두었어요.

문화 다양성 각 나라와 지역의 문화가 표현되는 다양한 방식을 말해요. 낯설고 다른 서로의 문화를 존중하고 이해하려는 태도가 꼭 필요하지요.

제6장

고령자를 위한 도서관 서비스가 없다고?

 도서관 버킷리스트가 생겼어요

할머니의 레시피 노트

"한나, 오랜만이에요! 얼굴 본 지 오래되어 늘 궁금했어요. 무릎은 좀 괜찮아지신 거예요?"

밖에 나와 햇볕을 쬐고 있던 옆집 마가렛 할머니가 집을 나서는 한나 할머니를 보고 반갑게 말을 건넸어요.

"네, 무릎은 여전해요. 마가렛은 젊으니 무릎 성할 때 자주 돌아다니세요. 난 조금만 움직여도 힘에 부치네요. 그래도 오늘 도서관에 가려고 이렇게 나왔어요."

"아이고, 젊다니요. 저도 예순 살이 넘어가니 안 아픈 곳이 없네요. 길 미끄러운데 조심히 다녀오세요."

마가렛 할머니와 인사를 나눈 한나 할머니는 조심히 길을 나섰어요. 올해로 일흔두 살이 된 한나 할머니는 무릎이 좋지 않아 걷기가 편치 않아요. 그럼에도 길을 나선 건 바로 3년 전 세상을 떠난 남편과의 약속

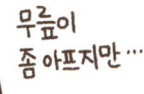

때문이었어요.

한나 할머니는 요리를 잘했어요. 색다른 레시피를 개발하면 이웃 사람들을 초대해 음식을 자주 나눠 먹었지요. 그러고는 사람들에게 선보인 레시피를 하나하나 노트에 적어 두었어요. 할아버지는 100개의 레시피가 완성되면 이웃들을 모두 불러 큰 축하 파티를 열자고 했었죠. 무릎이 안 좋은 할머니를 대신해 도서관에 가서 종종 요리책도 빌려다 주기도 했고요.

하지만 옆에서 늘 말벗이 되어 주던 할아버지가 돌아가시고 난 후, 큰 상실감에 빠진 할머니는 집 문을 걸어 잠그고 말았어요. 이웃을 초대하는 일도 그만 두었지요. 눈 뜨면 그저 습관처럼 텔레비전을 켠 채로 멍하니 있곤 했어요. 뉴스에서는 희망에 찬 소식들이 흘러나왔지만 할머니에게는 그저 어제와 별다를 게 없는 하루하루였지요.

그러던 어느 날, 할머니는 식탁 한구석에서 먼지 쌓인 레시피 노트를 발견했어요. 손때 묻은 레시피 노트를 보니 옛 생각이 몽실몽실 피어올랐어요. 이웃들을 초대해 음식을 나눠 먹던 일, 늘 맛있다고 엄지를 치켜세우던 할아버지의 응원도 떠올랐지요. 할머니는 오랫동안 추억에 잠겼어요. 그리고 큰 결심을 했어요. 할아버지와 약속한 대로 100개의 레시피를 완성해 이웃들을 초대하겠다고 말이에요.

컴퓨터 앞에 선 줄

도서관은 집에서 그리 멀지 않은 곳에 있었어요. 미끄러운 눈길 때문에 한나 할머니는 천천히 걸었어요. 스톡홀름에서도 손꼽히는 큰 도서관이어서 그런지 사람들이 많이 있었어요. 사실 할머니는 도서관에 처음 가 보는 거예요.

열람실을 찾아 들어간 할머니는 빽빽한 서가 중 어느 쪽으로 가야 요리책을 볼 수 있는지 도통 알 수가 없었어요. 할머니는 한 걸음도 떼지 못하고 서성였어요. 그러다 지나가는 사람에게 물었지요.

"저, 요리책은 어디에 있나요?"

"네? 뭐라고요?"

남자는 왜 이런 질문을 나에게 하느냐는 얼굴로 멀뚱히 할머니를 쳐다보며 손가락으로 어딘가를 가리켰어요.

"저기서 알아 보셔야죠."

그러고는 쌩 가 버렸어요.

남자가 가리킨 쪽엔 사람들이 줄을 서 있었어요. 할머니도 사람들을 따라 줄을 섰어요. 줄이 점점 짧아지고 보인 건 컴퓨터였어요. 사람들이 컴퓨터 앞에서 검색을 하고 있었던 거예요. 근데 어떡하죠? 한나 할머니는 컴퓨터를 하지 못해요. 배운 적이 없거든요.

어느새 한나 할머니 차례가 됐어요. 할머니는 곤혹스러웠어요. 괜히 줄을 섰나 하며 돌아 나와야 하나 고민하는데 뒤에서 속삭이는 소리가

들려왔어요.

"뭐야, 왜 안 하시지?"

"시간 없는데 말이야. 컴퓨터 할 줄 모르시는 거 아냐!"

무안해진 할머니는 얼른 자리를 비켜 주었어요. 자신 때문에 사람들이 기다리는 것 같아 미안한 마음이 들었거든요.

이제 어떻게 해야 하나, 하고 서성이다 어쩔 수 없이 또 책을 들고 지나가는 소녀에게 물어보기로 했어요.

"저, 어디로 가야 요리책을 볼 수 있어요?"

"요리책이요? 따라오세요."

소녀는 할머니를 요리책이 모여 있는 서가로 데려갔어요. 다행히 컴퓨터로 직접 검색해 보라는 말은 하지 않았죠. 친절한 소녀 덕에 할머니는 이제야 책을 볼 수 있겠다 싶어 마음이 한결 편해졌어요.

한나 할머니는 천천히 서가를 둘러보다가 요리책 한 권을 집어 들었어요. 아시아 요리책인데 이 책으로 색다른 요리를 만들 수 있을 것 같아 마음이 설레었어요.

주위를 둘러보니 사람들이 무인대출기 앞에 줄을 서서 책을 빌리는 게 보였어요. 할머니도 따라 줄을 섰지요. 처음 보는 기계지만 컴퓨터는 아닌 것 같아 잘만 따라하면 될 것 같았거든요.

드디어 할머니 차례가 되었어요. 심호흡을 했어요. 기계의 첫 화면에는 '대출'이라고 써 있었어요. 옆사람이 화면을 터치하는 걸 보고 할머니도 따라서 화면에 손을 댔지요. 분명 잘 따라했다 싶었는데 화면이 넘어가다 자꾸 첫 화면으로 돌아가자 할머니는 당황할 수밖에 없었어요.

"아니, 왜 이렇게 오래 걸리지!"

뒤에서 수군대는 소리가 들려왔어요. 할머니는 식은땀이 나기 시작했어요. 결국 할머니는 미안한 마음에 또 그냥 나오고 말았어요.

줄을 빠져나와 주위를 둘러보았어요. 컴퓨터로 바삐 검색하는 사람들, 무인대출기 앞에서 손쉽게 책을 대출하는 사람들을 보고 있자니 할머니는 문득 이 공간이 낯설게 느껴졌어요. 마치 혼자가 된 것 같았어요. 할머니가 할 수 있는 건 아무것도 없는 것 같았어요.

집으로 돌아가는 길이 참 멀게만 느껴졌어요. 동네에 들어서자 마가렛 할머니가 아직도 마당 벤치에 앉아 있었어요.

"한나, 금방 오셨네요? 그런데 왜 빈손이에요? 책 안 빌려오신 거예요?"

한나는 힘없이 말했어요.

"아무래도 도서관은 나 같은 노인들이 갈 데가 아닌가 봐요. 책을 어떻게 빌려야 할 줄도 모르겠고요."

한나는 조용히 집으로 들어갔어요. 찰칵, 문을 잠그는 소리만 크게 울렸어요.

할머니들의 권리 찾기

다음 날, 한나 할머니가 스토브에 주전자를 올리고 있는데 띵동, 하고 초인종 소리가 울렸어요.

"한나, 우리예요."

문을 열어 보니 마가렛, 소피아, 올리비아, 카린 할머니였어요. 모두 한나 할머니가 집에 초대한 적 있는 이웃집 할머니들이었지요.

"어제 동생이 도서관에 갔었다는 이야기를 마가렛한테 들었어."

늘 쾌활한 소피아 할머니였어요. 소피아 할머니는 여든두 살로 이웃 할머니 중 가장 나이가 많지만 수영을 꾸준히 해서인지 지팡이도 없이 혼자 외출을 잘 해요.

"맞아, 한나. 어제 이야기 듣고 속상했어요. 나도 요즘에 식당에 잘 가지 않아요. 키오스크인가 뭔가 그런 기계를 사용하라고 하는데 좀 두렵더라고요. 그런데 도서관마저 그렇게 바뀌었다니 깜짝 놀랐지 뭐예요?"

올리비아 할머니였어요.

"우리 여기서 이러지 말고 같이 도서관에 가서 이야기합시다. 이제 도서관 회원 가입도 컴퓨터로 해야 한다고 들었어요. 난 컴퓨터 쓸 줄 몰라요. 그러면 우리는 도서관을 어떻게 이용해야 하지요? 이건 개인의 문제가 아니에요."

카린 할머니도 한마디 보탰어요.

그렇게 한나 할머니는 다른 네 명의 할머니들과 도서관을 찾았어요. 생각지도 못한 할머니들의 지원에 한나 할머니는 어리둥절하기도 하고 한편으로 든든하기도 했어요.

도서관에 도착한 할머니들은 사서부터 찾았어요.

"무슨 일이시죠?"

"여기 도서관에 노인들이 얼마나 오죠?"

"네?"

사서가 안경을 고쳐 쓰며 무슨 말인지 몰라 의아해했어요.

"저기 좀 봐요. 노인들이 저렇게나 많이 온다고요. 그런데 노인들을 위해 도서관은 무얼 하고 있나 좀 보세요. 요즘엔 책을 찾으려면 다 컴퓨터로 검색해야 하고 무인대출기로 책을 빌린다고 하는데, 젊은이들이야 쉽게 하겠지만 우리 같은 노인들은 쉽지 않아요."

소피아 할머니의 말에 사서는 말을 잇지 못했어요.

"우린 컴퓨터를 잘 접하지 못한 세대예요. 로그인인가 뭔가도 어떻게 해야 할지 정말 막막하다고요. 그런데 도서관은 누구나 이용할 수 있는 곳이잖아요. 우리 같은 사람들이 소외되지 않도록 해줬으면 해요."

마가렛 할머니의 말에 사서는 머리를 끄덕였어요. 그러고는 고령자를 위한 컴퓨터 교실을 마련해 보겠다고 약속했지요.

할머니들의 버킷리스트

할머니들은 집으로 돌아오면서 저마다의 바람을 말하기 시작했어요.

마치 버킷리스트처럼 말이에요.

한나 할머니는 새로운 레시피를 개발하면 손으로 써 오던 레시피를 컴퓨터로 완성해 보겠다고 말했어요. 자수를 좋아하는 마가렛 할머니

는 도서관에 있는 자수책을 몽땅 읽어 보고 새로운 패턴의 자수를 시도해 보겠다고 포부를 밝혔어요. 소피아 할머니와 올리비아 할머니는 도서관에서 무인대출기 사용을 어려워하는 또래 노인들에게 도움을 주는 봉사활동을 시작하겠다고 했지요. 그리고 카린 할머니는 한 달에 한 권씩 동화책을 읽고 도서관에 오는 어린이들에게 재밌게 동화 구연을 해 주겠다고 이야기했어요.

각자의 바람을 말한 할머니들의 얼굴이 마치 소녀 때로 돌아간 것 같았어요. 두려움과 어려움을 동시에 겪었던 도서관에서 이렇게 즐거운 목표가 생기다니, 꿈을 꿀 수 있다면 늦은 나이란 없다며 할머니들은 환한 웃음을 지었답니다.

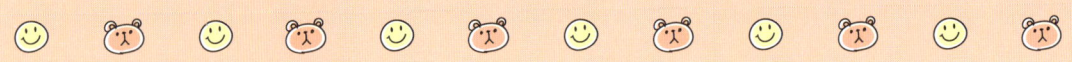

고령자에게 맞는 도서관 서비스

시니어 서프란?

스웨덴은 책을 많이 읽는 나라이자 공공도서관 이용률이 높은 나라로 꼽혀. 이건 노인들의 활발한 도서관 이용률 때문이기도 해.

노인들의 높은 도서관 이용률은 '시니어 서프(Senior Surf)'에서 비롯되었다고 해도 과언이 아니야. 시니어 서프란 인터넷 서핑을 능숙하게 할 수 있는 중장년층을 가르키는 말이자 스웨덴의 공공도서관에서 열리는 고령자 컴퓨터 교실 이름이야.

이 수업에서는 마우스 사용법, 키보드 치는 법 등의 기초적인 컴퓨터 사용법부터 시작해서 인터넷 검색으로 정보를 찾고, 메일을 쓰거나 교통수단을 예약

하거나 인터넷 쇼핑하는 법 등의 인터넷 활용법과 더불어 전자책 읽는 방법도 가르쳐 준대.

시니어 서프는 55세 이상 노인을 대상으로 1997년부터 시작되었어. 특이한 점은 컴퓨터를 가르치는 강사가 전에 수강생으로 배웠던 노인이라는 거야. 그래서 배우는 노인들은 더 자신감을 갖게 되고, 강사로 활동하는 노인들은 사회에 기여한다는 자부심을 얻을 수 있다고 해.

미국 도서관 고령자 서비스

사람은 나이가 들면 다양한 변화를 겪게 돼. 신체는 활동성이 떨어지고 시력과 청력이 약해지지. 또 은퇴하게 되면 시간과 여유가 많아져서 뭔가를 꾸준히 하거나 여가 활동을 즐길 수 있지. 세계의 많은 도서관에서는 이러한 고령자의 특성에 맞는 다양한 지원을 하고 있어.

특히 미국도서관협회는 1970년대부터 도서관의 고령자 서비스에 대한 지침을 만들었어. 이 지침에 따라 도서관들은 노인을 위해 큰글자도서와 독서확대기 그리고 오디오북을 갖추었지. 또 노인 전용 홈페이지를 열어 필요한 정보에

쉽게 접근할 수 있도록 하고, 건강처럼 노인들이 흥미를 가질 만한 교육 프로그램을 운영하기 시작했어. 또 여가 시간이 많은 고령층을 위해 각종 강연을 열고 또래 어르신과의 취미 활동을 지원하기도 했어.

1848년 세워진 미국의 매사추세츠 주 보스턴 공공도서관에서는 1950년대부터 시작된 '늦지 않은 사람들(Never Too Late Group)'이라는 이름의 고령자 모임이 있어. 매주 목요일 오후 2시, 노인들이 한자리에 모여 다양한 주제의 강연을 듣거나 본인의 관심사에 따라 수업이나 활동에 참여해. 무엇을 배우기에 결코 늦은 나이란 없으니까. 이 모임은 지금까지 이어지고 있어.

고령자 인권을 찾기 위한 노력

국제 사회의 고령자인권

노년에 대한 편견과 죽음에 대한 불안감은 인류 역사와 함께 늘 존재해 왔어. 점차 위생과 영양 상태가 좋아지고 의료기술이 발달하면서 인간의 수명이 연장되었고, 이에 따라 고령자 인구는 늘어나기 시작했지.

미국의 경우 1942년에 65세 이상 인구가 전체 인구의 7퍼센트에 달하는 고령화 사회가 되었어. 스웨덴, 프랑스, 영국 같은 나라는 미국보다 훨씬 이른 시기에 고령화 사회가 되었지.

유엔은 제2차 세계대전 직후인 1948년 「노인 권리선언」을 발표했어. 이 선언은 노인의 사회적 권리에 대한 최초의 국제적 선언이었다는 점에서 의미가 있지. 또 1990년에는 10월 1일을 '세계 노인의 날'로 정했고 그다음 해에 「노인을 위한 유엔원칙」을 발표했어.

2009년 유엔은 '호모 헌드레드(Homo Hundred)', 즉 '100세 시대'에 이르렀다는 걸 공식적으로 발표했어. 사람들은 점점 더 오래 살고 있고 젊은이보다 노인의 수가 많아지는 사회가 되어 가는 중이야. 이렇게 전 세계적으로 노인의 수가

느는데 노인의 권리와 보호에 관한 국제조약도 전문기구도 없는 상태인 건 아쉬워.

우리나라 고령자 인권

조선시대 사람들은 나이 드는 건 몸과 마음이 쇠약해져 가는 과정이긴 하지만 덕이 깊어지고 점점 성숙해지는 시기라고 보았어. 특히 국가를 다스리는 기본 이념이 유교였기 때문에 노인에 대한 공경을 중시했지. 그래서 당시엔 노인을 위한 다양한 제도와 정책들이 있었어. 그중 '노인직'은 80세 이상인 노인에게 명예 관직을 주던 제도야. 양반에게만 해당하는 것이 아니라 상민과 천민, 여성에게도 적용되었지.

또 매해 가을마다 궁궐에서는 왕과 왕비가, 지방 관청에서는 수령이 노인들을 불러 큰 잔치를 열어 주었어. 이것을 '양로연'이라고 해. 고려시대부터 시작된 나라의 중요한 행사였는데, 나라에서 노인들을 공경하고 잘 보살핀다는 의미였어.

1980년대부터 우리나라는 노인 인구가 크게 증가했어. 의학이 발달하고 생활수준이 높아지면서 사망률은 줄어들고 평균 수명이 길어졌지. 이때부터 국가에서 노인의 복지에 관심을 갖게 되었고, 1981년 '노인복지법'이 만들어졌어.

　노인복지법은 노인에게 안정된 생활을 보장받을 권리, 사회 참여의 기회를 보장받을 권리, 건강한 삶을 보장받을 권리 등이 있음을 말하고 있어. 이에 따라 경로당과 노인복지관 등에서 고령자 복지를 위한 다양한 서비스들이 시행되기 시작했지.

　이외에도 정부는 여러 대책들을 만들고 있어. 노인을 위한 일자리를 만들고 새로운 사회에 대응할 수 있도록 교육 시스템도 마련하고 있지. 무엇보다 노인에 대한 생각이 긍정적으로 바뀌는 데 힘을 쏟고 있어. 노인은 문제가 있거나 의존해야 하는 존재가 아니라, 인간의 존엄성을 지키며 인간다운 삶을 누릴 권리를 가진 존재니까. 나이가 들어 늙고 신체 기능이 불편해지는 것이 한 인간이 갖는 권리를 사라지게 하는 건 아니니까 말이야.

누구도 소외되지 않는 디지털 세상

　이제 우리의 일상은 디지털 기기로 움직인다고 해도 틀린 말이 아니야. 하지만 이러한 급격한 변화를 따라가지 못해 소외되는 사람들도 있어. 장애가 있거나, 홀로 살거나, 디지털 기기를 접할 기회가 적은 사람들이지. 사람들이 스마트 기기로 언제 어디서든 쉽게 열차표를 예매할 때, 디지털 기기에 익숙하지 않은 사람은 직접 역에 가서 줄을 선 뒤 차례를 기다려서 예매해야 하지. 특히 고령층은 더욱 이러한 환경에 놓여 있어.

　그래서 2020년부터 서울에서는 노인복지관, 경로당, 도서관 등을 '디지털 배움터'로 운영하고 있어. 모바일 쇼핑, 금융, 민원 처리 등 일상 생활에 필요한 디지털 기술을 가르쳐 주고 있지. 또 인공지능(AI) 로봇 '리쿠'를 활용해 어르신들

에게 모바일 메신저 앱 활용하기, 교통 정보 찾기, 열차 예매하기, 음식 배달 앱 이용하기 등을 가르쳐 주고 있어.

이렇게 노인들은 새로운 디지털 신기술을 배워 가며 디지털 세상에서 원하는 정보에 접근하고 활용할 수 있는 권리를 스스로 찾아가고 있어.

+ 지식플러스

연령 차별주의

인간은 태어나면서 아동, 청년, 노인의 시기를 겪어요. 이 삶의 단계는 모든 사람이 겪는 자연스러운 인생의 과정이지만 노년을 둘러싼 부정적인 시선은 갖가지 고정관념과 편견을 갖게 만들기도 해요. 이런 편견은 곧 노인들에게 일할 기회를 주지 않거나, 다양한 정보나 교육의 기회를 제공하지 않고, 또 노인 문화를 업신여기는 등의 차별로 이어지게 되죠. 나이를 이유로 그 대상에 편견을 갖고 차별하는 행위를 '연령 차별주의'라고 해요. 대체로 노인을 대상으로 한 차별을 뜻하기 때문에 '노인 차별'이라고 부르기도 하지만, 연령이 낮은 어린 아이를 대상으로 일어나기도 하죠. 특히 한국 사회처럼 나이를 따져 높고 낮음을 구별하려는 문화에서는, 안타깝게도 나이를 차별의 도구로 사용하기도 해요.

모두를 위한 도서관

공공도서관의 고령자 서비스

한국의 공공도서관에서 고령자를 위한 서비스가 시작된 건 그리 오래되지 않았어. 2007년 도서관법을 개정하면서 처음으로 '고령자 서비스'란 말이 등장했지. 고령 인구가 증가하면서 점차 도서관에서도 고령자를 위한 별도의 서비스를 시작하게 된 거야.

도서관 시설이 불편하거나 책 읽는 과정이 어렵다면 노인들은 도서관에 쉽게 오지 못할 거야. 그래서 많은 도서관들은 자동문이나 엘리베이터를 만들고 문턱을 없애는 등 도서관 시설에 장벽을 없애고 있어. 또 큰글자도서의 수를 늘리고 독서확대기 등의 보조기기 등을 갖추어 노인들의 독서를 지원하고 있지. 거동이 어려운 어르신에게는 도서배달 서비스를 하는 등 고령층이 책과 멀어지지 않도록 많은 노력을 하고 있어.

고령 인구가 많은 농촌의 도서관에서는 고령자를 위한 공간을 따로 마련하기도 해. 공공도서관은 노인들이 책과 직접 만나고, 이웃과 교류하며, 지역사회와 떨어지지 않도록 하는 연결의 공간으로도 사용되고 있는 셈이야.

교과서 속 인권 키워드

 # 평등 모든 사람에게 똑같은 기회를 주는 것을 평등이라고 하지요. 더 나아가 사람마다 어떤 차이가 있는지 살피고 사회적 약자에게 더 많은 기회를 마련해 주어 평등의 의미를 더욱 적극적으로 실현하기도 해요.

 # 세계시민 지구촌의 다양한 문제를 자신의 문제로 생각하고 모두가 행복하게 사는 세상을 만들기 위해 애쓰는 사람을 말해요. 우리 모두는 연결되어 있기 때문에 세계에서 벌어지는 일이 곧 나의 일이 되지요.